天津五大道

WUDADAO TIANJIN

在天津中心城区的南部，东、西向并列着五条半街道，分别为成都道、重庆道、常德道、大理道、睦南道、马场道。天津人把它称作"五大道"。其间汇聚着英、法、意、德、西班牙等国各式建筑，风格有文艺复兴式、希腊式、哥特式、浪漫主义、折衷主义以及中西合璧式等，被称为"万国建筑博览会"。1911年辛亥革命推翻帝制，许多清朝皇亲国戚、遗老遗少从北京来到天津租界寓居；一些北洋政府内阁包括总统、总理、总长、督军、省长、市长等百余人下野后在此寓居；另有许多富贾巨商、各界名流也曾在此驻足。五大道历尽沧桑，见证了中国近代百年的风雨历程，为今天留下了更多的感受与思考。

人生活中的一切在时间里完成，
同时在时间记载里寻找答案。

这是一座矗立在天津五大道的时钟，

他有三个面，站在任何一个地方最多只能看到两面，

他每天都在告诉我们"时间"，

那什么是"时间"呢？时钟的另一面又是什么？

接下来就请你和我一起去五大道寻找答案……

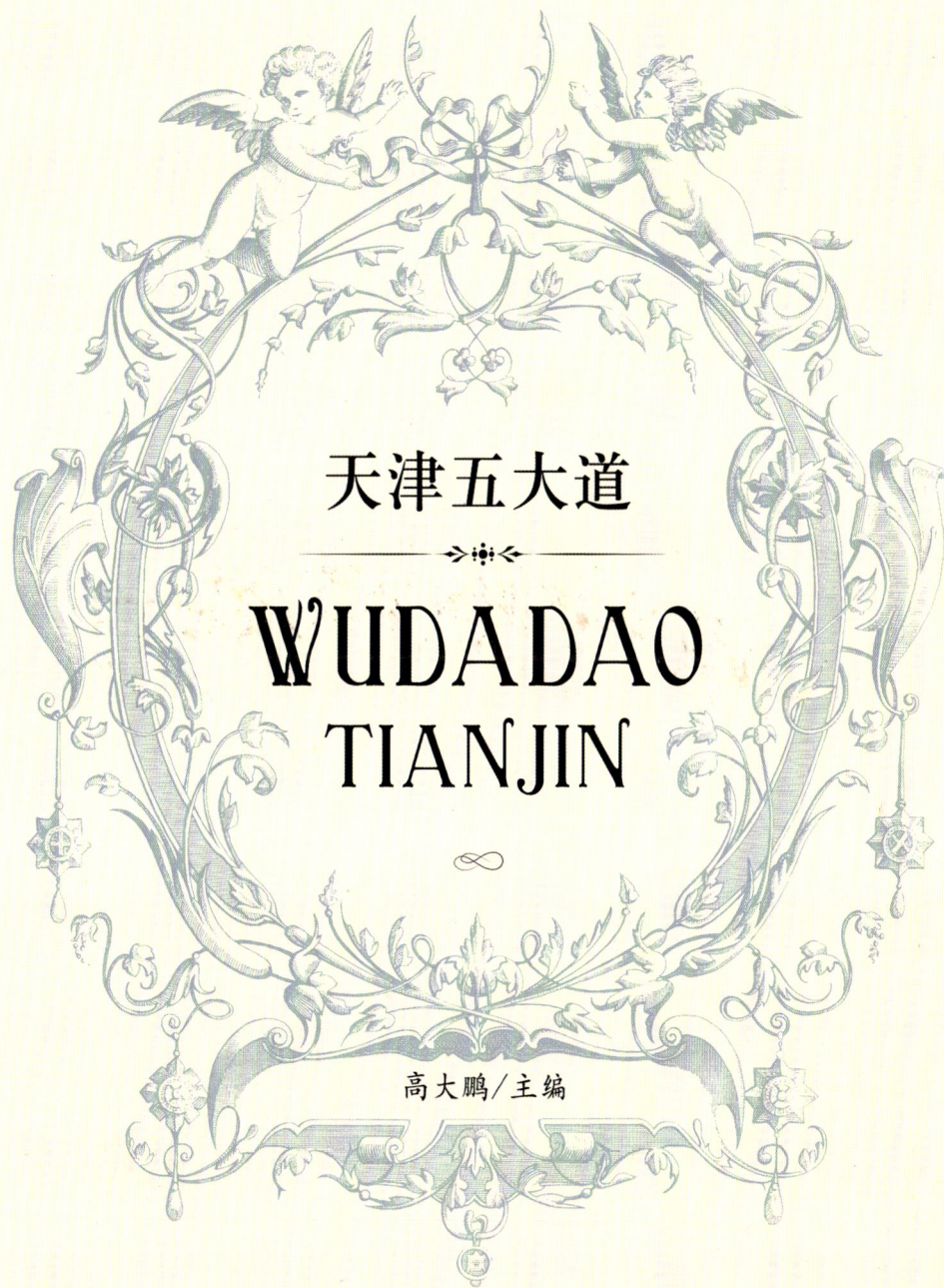

天津五大道

WUDADAO
TIANJIN

高大鹏/主编

天津出版传媒集团

天津人民出版社

天津五大道全貌

清风捎来秋天的问候

《天津五大道》出版说明

天津五大道文化旅游区是指由和平区的马场道、西康路、贵州路、成都道、南京路相接合围内的长方形区域，纵横23条道路，总面积1.28平方千米，各式建筑2000多所，其中1949年以前所建，体现欧洲不同历史时期建筑风格的花园式和公寓式楼房900余所，被市政府列为不同等级历史风貌建筑的小洋楼423所，各种建筑风格汇集一处，堪称"万国建筑博览会"。

五大道在20世纪二三十年代，曾经成为民国时期下野政客的避风港，留下了包括一座"庆王府"和曹锟、徐世昌两任总统，顾维钧、潘复等七任内阁总理，张伯苓等教育界名人，以及美国前总统胡佛、五星上将马歇尔、英国奥运冠军李爱锐等国内外知名人士的数百座名人旧居，其中39处名人旧居被列为国家级文物保护单位，共同组成"中国天津五大道近代建筑群"。目前五大道景区内包括不可移动文物在内的各级文物保护单位共计347处，成为中国近现代百年历史风云变幻的见证，是一笔宝贵的历史文化遗存。

2003年五大道被评为"津门新十景"。2004年被国家建设部授予"中国人居环境范例奖"。2005年五大道被天津市政府列为"近代中国看天津"十二大旅游板块之一。2010年被国家文物局命名为"中国历史文化名街"。2013年五大道近代建筑群被国务院整体公布为国家级文物保护单位。2014年五大道文化旅游区获得国家AAAA级旅游景区称号。2015年五大道文化旅游区相继获得全国文明单位、全国体育旅游十佳精品景区、全国"互联网+智慧旅游先行者"荣誉称号。2016年五大道文化旅游区被人民网评为"游客最喜爱的天津十大旅游景区"第一名，被中国文物学会、中国建筑学会列入首批《中国20世纪建筑遗产名录》。

天津市委、市政府高度重视五大道历史风貌建筑的保护和利用，和平区委、区政府和市有关部门自20世纪80年代开始累计投入数十亿元对五大道地区进行了综合提升改造，建成了以民园广场为中心，包括庆王府、先农大院、民园西里等重要景点在内的五大道核心景区，民园广场已成为天津的城市会客厅。为进一步宣传五大道文化旅游区，加快五大道创建国家AAAAA级旅游景区步伐，更好地挖掘五大道蕴含的近代历史文化价值，推进美丽天津、品质和平的建设和发展，我们推出了《天津五大道》摄影画册，希望吸引更多的国内外游客走入五大道、感知五大道！

中共天津市和平区委宣传部

天津市和平区五大道地区管理委员会

2016年12月

目 录

序/感受城市性格的重量
——用影像编织的《天津五大道》

1　　休闲的广场·民园广场

17　　时光的院子·先农大院

31　　昔日的王府·庆王府

43　　创意的街区·民园西里

55　　时代的蜕变·成都道

71　　马车的驿站·重庆道

99　　最短的街道·常德道

115　　历史的故居·大理道

137　　幽静的公园·睦南道

189　　最长的街道·马场道

210　　天津五大道——万国建筑博览会

212　　后记/在五大道感受时间的意义

感受城市性格的重量

——用影像编织的《天津五大道》

◆ 序 ◆

　　《天津五大道》，是一部由高大鹏先生主编和摄影、风格典雅清新、画面色彩斑斓的绚丽图册。其中，没有过多讲述如烟的往事，也没有大量记录难寻的旧梦，却让我们从一幅幅精美绝伦的影像中，直观地感受到了五大道在中国城市以及在世界城市里，那独有的份量。

　　五大道已有近百年的历史，然而悠悠岁月未改其性，冉冉红尘未染其心，走在五大道齐整、洁净、树荫遍布的街衢上，竟感受不到哪怕是些许的喧嚣之声。

　　五大道是宽容的。近年来，经过原汁原味的大规模整修，五大道在洗尽了过往的铅华之后，依然和从前一样，带着骄傲，带着尊贵，带着跨越时间的厚重，带着水深流缓的宁静，让人们提神沁心地欣赏她的千姿百态，体味这座城市的历史温度。当然，也就因此懂得了这座城市的富庶生命，以及城市内心的深沉和历练。

　　也许，这就是五大道与生俱来的情调与素养，以及五大道深处的诱人魅力吧。

　　正是这种难得的情调与素养，赋予图册中的每一个镜头，都能够显示出五大道那世间少有的美丽、高贵、典雅、婉约——幽径两侧，繁花绽放，树荫深处，鸟声啁啾；赋予图册中的每一幢建筑，都能够由表及里地展现出五大道的优雅和端庄——既坚实质朴，又淡雅清新，即便在冰天雪地，仍会以一种天长地久之势，宁静地伫立在自己应有的位置上。

　　正因为如此，在捧读《天津五大道》之余，可以让心情游走，可以任思绪飞扬，不止心旷神怡，且可感怀其中。仿佛，每个人都会从图册中增添感知唯美和愉悦的能力。

　　我常想，一座城市和一个人一样，不能生活在过去，也不能生活在未来，现实，是城市生命实实在在拥有的唯一仪态。如今，五大道多姿多彩的人文魅力，似乎早已发散到了这座城市的每个角落，奋发的张力，充满生机的沉静，已经构成美丽天津不可分割的组成部分，也彰显出当代天津与世界协同共容的卓越生命力。

　　《天津五大道》，犹如一幅展示天津城市历史文化的优雅画卷，一座展示天津城市精湛建筑艺术的博物馆，一席具有思想深度、生命厚度、现实力度、美不胜收的视觉飨宴。

　　人生的许多寻找，不在万水千山，而在咫尺之间。在一定意义上说，天津五大道和《天津五大道》，就是这种寻找的一个选择。

罗澍伟

序于2016年岁末

清晨，五大道迎接新的一天开始

旧时，民园举办运动会场景

民 园 广 场

天津民园广场的前身是民园体育场，位于五大道的中心区域，始建于1920年。曾是远东首屈一指的综合性体育场，也是中国第一个灯光足球场，成为天津市民心目中的记忆坐标。

20世纪20年代，随着当时英租界的扩展，居住人口的增多，1920年，因开展体育活动的需要，天津旧英租界工部局(B.M.C)在租界地修建了一个规模较大、在当时也是比较先进的体育场，这就是民园体育场的雏形。1926年10月9日，作为当时英租界的第二个体育场，民园落成开幕。初期的民园体育场有500米的跑道，周围是铁栅栏围墙，还种植了一圈杨树。此后，在体育场西侧，今天靠近衡阳路的位置，安置了100米左右的木制和水泥看台。民园体育场建成后，各种活动和体育赛事不断。如1929年的万国田径运动会、1931年5月天津万国华捕运动会、1932年4月华北童子军运动会决赛、1934年4月万国越野赛和两英里竞走赛。1943年，日军拆除了民园体育场的铁围栏用于制造军火，围墙改为砖墙，体育场面积缩小，跑道改为400米。1953年到1954年，民园体育场迎来一次大改造。建造了一圈水泥看台，球场地也由原来的沙地改为草坪，并在体育场的四角搭建起24米高的木质灯架，成为当时中国第一

1947年在天津市第二体育场（原民园体育场）举办的天津秋季运动会

座灯光球场。

谈起民园体育场，苏格兰人埃里克·利迪尔的名字不可不提。埃里克·利迪尔的中国名字叫李爱锐（1902－1945），1902年出生在天津。1907年随父母回国，在读完小学和中学后，考入了苏格兰的爱丁堡大学。自幼富有体育天赋，1920年到爱丁堡大学读书后，他的体育天才得以充分发挥，成为该校出色的橄榄球运动员，后加入了苏格兰国家队。他理所当然地被选拔到英国国家田径队接受专门训练。1924年夏，第八届奥运会在巴黎举行，李爱锐以47秒的成绩打破了男子400米的奥运会记录和世界记录。

1925年夏天，已经成为国际著名运动员和体育

1929年李爱锐在天津召开的万国田径赛上获得的500米赛跑金牌

明星的李爱锐，告别了英国，怀着对中国的眷恋，回到了出生地天津，应聘执教于新学书院（今天津十七中学）。由于在世界体坛上的名气，以及在各地参赛的丰富阅历，1925年英租界工部局决定邀请他参与设计民园体育场的改造。于是，李爱锐根据世界田径赛场的标准及自己参赛的经验，对诸如跑道结构、灯光设备、看台层次等改建提出了一系列建议，在他的筹划下，民园体育场以全新的面貌成为当时在亚洲范围内具有世界先进水平的首屈一指的综合性体育场。1929年天津英租界当局在民园田径体育场举办了万国田径赛。在这次田径赛中，李爱锐击败了500米的世界记录保持者、德国运动员奥托·菲尔萨，夺得了平生的最后一块金牌。1991年6月，也就是62年之后，由他的三个女儿把这块奖牌赠送给父亲曾经任教过的学校——今天的天津十七中学，作为永久的纪念。

新中国成立以后，民园体育场在这个天津体育事业进入蓬勃发展的繁荣时期扮演着重要的角色。1957年4月，14名中国白队队员在领队王伯青和教练邵先凯的率领下落户天津，这同时标志着天津足球正

式创建，而民园体育场也由此翻开了历史新的一页。这一代人也成就了天津足球雄厚的基础。

1979年到1985年，民园体育场多次大修，开辟了13个出入口，标志性的灯光塔由木制改为铁架，并提高到了48米。同时还增加了电子记分牌，铺设进口塑胶跑道。改造后的民园体育场，更

20世纪50年代在民园体育场举行的全市秋季运动会

加成为天津各项体育赛事及大型演出的重要场地。1994年，民园体育场成为天津足球队的主场，直到2007年泰达队与上海申花队在民园进行比赛后，主场正式搬到了泰达足球场。泰达队的迁离，让民园体育场昔日的热闹景象逐渐衰退。

2012年，有着86年历史的民园体育场被拆除改造，开启了一次全新的蜕变！2014年9月，民园体育场被打造成集中外游客集散中心、特色文化博览中心、休闲体育体验中心、异国风味美食中心为一体，中西文化交融的城市休闲广场，成为五大道地区唯一的一个开放性的综合休闲活动场所。

夸父追日（民园广场前的雕塑） 3

今日民园广场

漫步民园广场的长廊，犹如进入时空隧道

胜似闲庭信步，没有起点也没有终点 ⑨

抓住风吹的瞬间

夏日的华尔兹

一起跑起来

旧时，生活在先农大院的英国人

先农大院

先农大院坐落在天津市和平区河北路与洛阳道交口处，位于民园体育场以北，始建于1925年，由先农工程股份有限公司工程师、英国人雷德设计。因该址多为先农公司职员居住，故取名为先农大院。

先农大院整个设计为里弄式，外为连排式。楼房采用周边式布置，由单元组成，现该楼已历经88个春秋，保持仍然完好。规划建筑面积2.54万平方米。其中先农大院一期项目由先农大院、孟氏旧居构成。

先农公司作为天津成立最早、规模最大的以房地产为主的公司，可谓是近代外商在天津经营房地产的一个缩影。在先农公司的七个发起人之中，美国人胡佛可谓是家喻户晓的人物。胡佛在天津赚取第一桶金之后返回美国，在中国的这段日子对他之后当选第三十一届美国总统提供了不可或缺的帮助。赫伯特·克拉克·胡佛是美国第31任总统，赫伯特·克拉克·胡佛生于爱荷华州，毕业于斯坦福大学。胡佛在斯坦福大学是优等生，1895年毕业后成为采矿

工程师。此后，从1895年到1908年胡佛一直从事于商业。24岁的胡佛曾作为美国"白领"被派往中国河北唐山的开滦煤矿"打工"。34岁那年，胡佛不仅获得了财富与遍及全球的同行们的尊敬，而且已握有若干矿业公司的股权及主席职位。1897年，胡佛与罗·亨利结婚。亨利受过良好的教育，婚后成为胡佛的贤内助。他们有两个儿子。胡佛被一家

先农大院的七个发起人之一——胡佛

公司所雇用，去了澳大利亚，后来到中国，在一家私人企业公司工作，作为中国主要的工程师。他在1953年被任命为艾森豪威尔总统的委托主席。在1964年10月20日，胡佛逝世于纽约。

先农大院有一般保护等级历史风貌建筑四幢，历经88个春秋，保存较为完好。著名银行家谈荔孙、著名医学家吴清源都曾居住在这里。

湖南路九号的孟氏旧居，其所有者是著名的山东孟家，"八大祥"东主。孟家的经营被誉为中国传统商业史上的神话，俗话说"官不出五世，富不过三代"，而孟家家业却延续了十几代不衰，在各地的经营都分外红火，孟家在天津所经营的瑞蚨祥也是盛极一时的绸缎庄。

"瑞蚨祥"创建于1862年，在旧中国天津北京及全国盛极一时，获得"中华老字号""非物质文化遗产"等多项殊荣。

马占山故居是原东北军将领，黑河警备司令，黑龙江省政府主席，伪"满洲国"黑龙江省省长兼任伪"满洲国"军政部长，国民政府军事委员会委员，东北挺进军总司令马占山于1934年至1937年在天津的旧居，始建于1930年代，该建筑坐落于当时的天津英租界西芬道（Severn Road）（也称"天津英租界46号路燕安里40号"）（今和平区湖南路11号），为一般保护等级历史风貌建筑。目前，该建筑内部结构已经完全损毁，只保留了其外檐部分。

爱国将领——马占山

2006年，天津市历史风貌建筑整理有限公司启动了先农大院的整理工作。整修过程充分体现了工程修缮技术的领先性和全面性。秉承保护优先、合理利用、修旧如故、安全适用的施工理念，通过细致的历史调查和现场踏勘，明确历史街区和历史风貌建筑保护的历史价值、人文价值、城市景观价值和建筑特征价值，并据此细化、明确街区历史肌理、每一幢历史风貌建筑保护的内容，确定整修方案并加以实施，实现了建筑保护、功能提升以及高新科技的和谐统一。

街区内原始建筑多为居住使用，其使用功能的要求与现代使用功能存在较大差异。因此整修过程中，根据现代使用功能增设采暖、空调系统并配合建筑物墙体、屋顶内侧增设保温层及仿古中空门窗，整体提升了建筑的节能等级，使用人可根据不同的使用情况调节室内环境因素，达到有效节省能源的目的。尤其是整体提升了消防安全系统，增强了建筑的安全防护功能。

在试验区整修施工中，采用多项"新技术、新材料、新工艺"，并自主研发应用了专利技术。得到了广泛好评。整修工作不仅使街区恢复了红砖坡顶的原貌，更完整展现了原有的建筑风格，该区域现为集餐饮娱乐、时尚购物、文博展览等于一体的体验式综合社区。

先农大院全景

寂静的先农大院

残荷幽香

27

▲▶ 夜月明

载振与文武百官合影

QINWANGFU

庆 王 府

庆王府，位于天津市和平区重庆道（原英租界剑桥道）55号，始建于1922年，原为清末太监大总管小德张亲自设计、督建的私宅，在原英租界列为华人楼房之冠。后被清室第四代庆亲王载振购得并举家居住于此，因而得名"庆王府"。

庆王府占地面积4327平方米，建筑面积5922平方米，为砖木结构三层（设有地下室）内天井围合式建筑。整体建筑适应当时的西化生活，更结合了中国传统文化意象，是五大道洋楼之中西风东渐的典型建筑。

位于三楼东西两侧房间的双面透雕楠木落地罩和垂楣罩，设计考究，做工精湛，其独特的构思、复杂的工艺及对中国祈福文化的彰显，实属罕见，堪称瑰宝。

整修主楼二层载振三子溥铨的卧房、中庭回廊和楼梯顶部时，在对墙体层层剥离过程中，发现了底层珍贵的彩绘。通过数十次剔、擦和清洗工艺，这些精美的艺术品得以局部保留。

庆王府内的花园，采用中西合璧的布局，基本保持了1922年始建的原貌。石桥、太湖石、六角凉亭、水法，精心雕琢之中却又透出闲适之情。

小德张，原名张云亭，字祥斋（1876-1957），以清内宫排列"兰"字，序名张兰德，慈禧太后曾赐名"恒泰"，直隶静海（现天津市静海县）

清宫太监—小德张

人。小德张自幼家境贫寒，光绪十七年入宫，之后，被调到了"升平署"（南府戏班）学习京剧。由于小德张扮相英俊、聪明灵智，在经过了三年的勤学苦练后，很快就崭露头角，被酷爱京剧的慈禧太后赏识，随侍太后左右。1912年，隆裕太后去世，小德张也随之结束了自己25年的宦官生活，到天津做起了寓公。1917年，天津发大水，小德张萌生了建新楼的念头。1922年，他选址原英租界剑桥道，亲自绘图，精心构思，不惜工本，建造了这座中西合璧的建筑。1923年，新居落成，小德张便携一家老小迁入。

载振（1876—1947年），姓爱新觉罗，字育周。清皇族宗室，庆亲王奕劻长子，封贝子爵位，历任镶蓝旗汉军都统、御前大臣、正红旗总族长等职。光绪三十二年颁布立宪，改革官制，

大清庆亲王—载振

又任农工商部尚书要职。1917年，奕劻去世，根据《关于清皇室待遇之条件》，黎元洪颁发总统令，载振承袭庆亲王，遂成为名副其实的末代亲王。1902年，载振赴英、法、比、美、日五国考察归来，两次获慈禧太后召见，他面陈发展商务的迫切性，建议设立商部。1903年，清廷发布振兴商业上谕，在中央设立商部。载振出任第一任商部尚书，自此，开始了他振兴商业、发展商务的历史征程。青年时期的载振，壮志雄心，颇有一番作为。然而，却因卷入了官场风波而丢掉了官职。这就是轰动一时的杨翠喜案。1906年，载振奉旨赴吉林督办学务，途经天津，直隶候补道员段芝贵为谋得黑龙江巡抚一职，花一万两千金买名伶杨翠喜献予载振。1907年，御史赵启霖上疏弹劾二人，此事轰动京都。经奉旨查办，以"事出有因，查无实据"而不了了之。御史赵启霖则以"谎奏"之罪被夺官，已上任的段芝贵亦被免去黑龙江巡抚职。奕劻也责令载振上疏辞职。此后载振再未出任任何官职。

宣统退位后，载振即携家眷

当年庆王府使用的西洋老花瓶

避居天津，分别居住在德租界和英租界自置的宅院内，不久又迁回北京府内。1925年，载振购得小德张的这所宅院后，随即家眷迁居天津，开始了他的寓公生活，于是这座宅院由此得名"庆王府"。

载振善于交友，广结名流，还投资天津的实业。1928年，载振经人介绍投资于买办高星桥创办的劝业场和交通旅馆，总名称为新业公司。1935年又用劝业场的盈利盖起了渤海大楼。1947年冬，载振病重；半个月后，在庆王府内病故，终年七十二岁。鉴于载振自清帝逊位，历经民国政府、军阀混战、国民党南京政府、日伪统治时期均未初上，经曹汝霖、朱作舟等人商议，私谥曰："贞"，于是在载振的灵牌上就刻上了"清庆贞亲王载振"。

载振在天津劝业场八大天过生日

庆王府门窗刻有山水图画的彩色玻璃，为当时的房屋主人小德张亲手所绘，边款上"伴琴主人"字样为小德张雅号，并将人字多出两撇以作标识。载振购得此楼后，将刻有"伴琴主人"四字的彩色玻璃也一并沿用下来，足见他对小德张所建造的这座宅院的认可和喜爱。

RECEIVING ROOM

富丽堂皇的庆王府客厅迎接到来的是帝国末日

刻在老家具上的图案有西式科林斯柱也有中式八仙

家具的设计将西式柱廊、沙发与中式亭阁相结合，
上层并镶有中国花鸟画，可谓中西合璧。从这些贵
族家具中看见了那个时代的精神向往与审美意味。

倒 影

水月镜花

二十世纪初的五大道妇女生活照

MIN PARK PLAZA

民园西里

民园西里位于民园体育场西侧的常德道上，始建于1939年，常德道原名科伦坡道，又叫英租界35路，五大道上许多旧时名人的独栋别墅早已人去楼空。但民园西里这样的老公寓在几十年间依然保持了旧有的生活气息。

民园西里原是一片沼泽，英租界工部局花了七八年时间修建了这条路。此后，路两侧开始形成高级住宅区。民园西里由近代著名建筑设计师沈理源设计，为当时天津知名房地产商济安公司建造，主要面向社会中层及部分高级职员、知识分子租赁使用。民园西里由两栋连排英国里弄式小楼构成，共分为17个门栋，各门栋自成院落又连成一体，最初居住的多为当时天津的实业公司的高级职员，我国神经外科创始人赵以成教授也曾在此居住，现为天津市一般保护的历史风貌建筑。

民园西里为二层砖木结构，局部三层。多坡大筒瓦屋顶，琉缸砖。各单元成"凹"字形排列，突出部分为屋顶露台，入口设在"凹"字部分。室内木地板，木门窗。院墙采用墙垛砌筑，用材与建筑一致，形成统一风格，院门采用深色金属门，与整体色彩搭配和谐。

20世纪三四十年代，正值五大道作为高端居住区域的黄金时期，下野政客、清廷遗老遗少、军阀买办和外国人纷纷涌来置地建房，写就了近代天津中

当年熨烫衣服用的熨斗

西建筑文化交融的历史篇章，也成就了五大道地区优雅而洋气的特有生活方式。

历经变迁，建筑整体形象和部分细部特点虽保留着原有特征，但由于年久失修及过度使用，加之20世纪70年代地震的破坏，建筑结构存在安全隐患，原有配套设施不能满足居民基本生活需求。民园西里的变革始于2009年。天津风貌建筑整理公司对原来已经略显破旧的老房子，进行了精心的复原，cafe sambal马来西亚餐厅、艾玛酒窖、31杯咖啡馆，以及沉香博物馆、gebagebaba日本料理，相继在改造后的民园西里开业，原本安静的街巷成了艺术与潮流的聚落。又经过几年的发展，历史、美学、文艺、老建筑在此混合，民园西里日渐成熟，已然成为老街区与新文化的混搭、融合的样本。

近年来，民园西里已从旧时光的天津地标中脱颖

而出，昔日的老公寓在几年的时间里全部变为各式各样的文艺咖啡厅、异域餐吧、酒窖、创意集市等现代文化场所。如今，民园西里这片小小的老式街区，已经成为古典、多样、自由、柔软、现代、物质、同质化的城市生态的美好补充。闲暇时光，你可以读一本喜爱的书，喝一杯醇香的咖啡，一缕午后的阳光，一段舒心的音乐，停下匆匆的脚步，坐在五大道远离喧嚣的老公寓二层，可以尽情回味这座城市文化的脉络和历史的变迁。

曾有学者建议，将五大道开发为城市的核心"文化创意功能区"，这种文化功能区应该是店铺式的，以一条或几条街道为载体，包括创意市集、书吧、咖啡馆、画廊及其他文化交流场所，外围部分则重在饮食文化。现在，因为民园西里的改造，这种设想正在渐渐变成现实。他聚拢了一种气息，这种气息来自于城市的文脉。或许，由此开始，静态的五大道会变为动态的、可参与的创意区，成为年轻人"同城活动"的新据点。

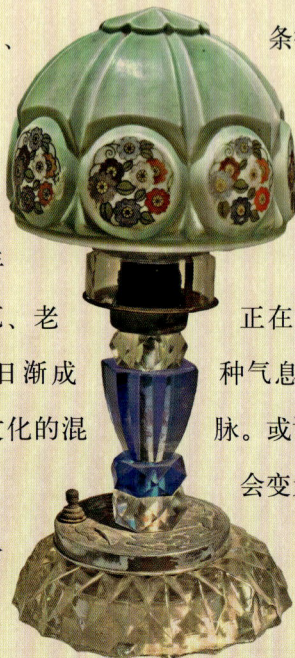

当年使用过的老台灯

民园西里的设计师 沈理源

沈理源（1889-1951），浙江杭州人，天津近代著名建筑设计师，我国早期建筑实践先驱者。上海南洋中学毕业，后留学意大利，于罗马奈波利工科大学攻读水利和建筑专业。回国后在天津开始长达三十年的建筑师生涯，设计房屋百余处。沈理源曾从事建筑教学工作，担任过天津工商学院和北京一些大学的教授。他的主要作品有北京真光电影院、清华大学机械馆、浙江兴业银行、盐业银行、民园西里等多个代表天津历史的标志性建筑。此外，沈理源在建筑测绘及文化教育等多个领域均卓有成就。

俯瞰民园西里

Creative market

里西園民

记忆中的胡同常常使我忘了时间

意犹未尽

迎接圣诞

这是民国时期一位银行职员一家在今位于
河北路与成都道交口的住所门前合影

成 都 道

成都道原名伦敦道，东到南京路，西到西康路，全长2206米。此处原是沼泽洼地，英租界工部局结合海河疏通工程，在20世纪20年代将其填筑为适合城市建设的用地，此后陆续建造大片住宅区。吸引了不少民国初年的军政工商各界要人入住。

成都道曾经居住过很多近代名人，如革命烈士杨十三，抗日烈士张自忠、赵君达，收藏家张叔诚、陶湘，实业家陈范有、陈达有、朱继圣、孙冰如、陶茂正、乐肇基，金融家胡仲文，著名画家陈少梅，医学家朱宪彝、丁懋英等。这里曾住过袁世凯二公子袁克文，其子为世界著名物理学家袁家骝。成都道西头有天津市人民体育馆和土山公园，中部有桂林路公园。

张自忠旧居位于成都道60号，为重点保护等级历史风貌建筑。张自忠生于1891年，卒于1940年。山东临清人。著名抗日爱国将领。肄业于天津法政学堂，后参加国民军起义及北伐战争。1933年任前敌总指挥，率部在喜峰口英勇抗击日军。1935年任察哈尔省主席。1936年任天津市市长。七七事变后，代理59军军长，参加台儿庄会战。武汉保卫战后，任第33集团军总司令，1940年

在南瓜店与日军主力激战9昼夜，后壮烈殉国。延安各界举行了追悼大会，毛泽东主席亲笔题写挽词"尽忠报国"。中华人民共和国成立后，张自忠被追认为革命烈士，为纪念张自忠将军，我市海河边的一条道路被命名为"张自忠路"。张自忠旧居为主体二层局部三层的砖木结构独立住宅，立面严谨对称，外檐墙体采用硫缸砖与混水搭配，朴实无华；首层廊柱带简化的雀替，在整体

现代风格中融进了中国传统建筑元素。

袁克文旧居位于成都道93号。袁克文生于1890年，字豹岑，号寒云。生于朝鲜平壤，袁世凯次子，民国四大公子之一。袁克文自幼熟读"四书""五经"，精通书法绘画，喜好诗词歌赋，擅长京昆戏曲，热衷书画古玩收藏和鉴赏。在上海冶游时加入青帮，为"人"字辈大佬。1931年在天津病逝。其次子袁家骝为世界著名物理学家，七岁来津读书，先后就读于南开中学、新学书院、工商学院附中，1930年进入燕京大学，1936年赴美留学，先后在美国国家科学实验室和普林斯顿大学长期从事基础物理学研究，在中子的来源、高能质子加速器、共振物理学等领域，都有新发现和新成果。袁家骝生命的最后七年，与成都道40号小楼联系在

海河岸边上的张自忠雕像

民国四公子
袁克文

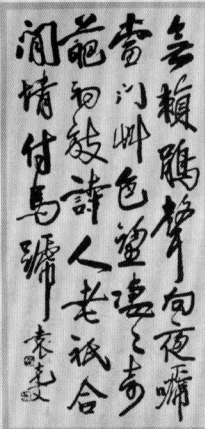
袁克文书法

一起，小楼斜对面便是成都道93号，其父袁克文旧居，这两所小楼均为三层砖木结构联排里弄式住宅，英式现代风格，至今保持完好。

朱宪彝旧居位于成都道100号，占地面积114平方米，建筑面积254平方米。朱宪彝生于1903年，卒于1984年。毕业于北京协和医学院，获美国纽约州立大学医学士学位，并以连续5年第一名的成绩获得温巴姆奖学金。1934年开始对钙磷代谢进行系统研究，1936年赴美国哈佛大学医学院生化系进修，首次发现了维生素D的充分摄入对治疗佝偻病的疗效，被誉为"当代钙磷代谢知识之父"。1945年回津创建了天津医学院，任院长长达33年，发表学术论文三十多篇，曾任中华医学会理事、内分泌学会会长、天津市人大代表、全国人大代

这是张叔诚捐赠给天津博物馆的宋代画家范宽的名画《雪景寒林图》

朱宪彝教授（前排左二）与外国学者留影

表。他不仅把一生献给了祖国医学事业，并且留下遗嘱将遗体和私人住宅、个人存款、一生珍藏的图书、医学资料全部捐给了医学院。朱宪彝旧居为三层砖木结构独立住宅，机砖楼身、水泥屋顶，室内设备齐全，前后小院，布局紧凑，宽敞明亮。

丁懋英旧居位于成都道106号，建于1935年，建筑面积732平方米。丁懋英生于1891年，卒于1969年。上海人，民国初年来津，入严氏女学读书，勤奋好学，励志学医，后通过清华第一批赴美留学考试，获奖学金赴美学医。1922年归国，任天津公立女医院（今水阁医院）院长。得到津绅严修、教育家张伯苓的赞助，从事妇幼保健事业。1935年创立天津女医院，自行开业从医。1945年初，日本拟占天津女医院，丁懋英多方奔走，使得保全。日本投降后，丁懋英在联合国救济总署、国民政府行政院救济署华北国际救济会工作，并任天津女青年会董事。1950年，丁懋英将天津女医院献给国家。丁懋英旧居为砖木结构中西合璧风格，前面平房为门诊部，后面楼房为住宅。由著名建筑设计师阎子亨设计，建筑物为仿中式硬山做法，山檐、彩绘、垂脊饰立兽。

妇幼保健专家
丁懋英

晨 光

成都道的早晨

◀▲ 张自忠旧居

天津古树名树名牌大树
B0094

▲▶ 冬日暖阳

成都道印象

二十世纪初，居住在重庆道的李爱锐一家合影

CHONGQING ROAD

重 庆 道

重庆道以河北路为界，以东到马场道（原名剑桥道），以西到昆明路（原名爱丁堡道），全长1432米，南北两侧分别与常德道和成都道平行。重庆道地区是天津市历史风貌建筑的聚集地之一，大量的名人故居坐落于此。

重庆道上的历史风貌建筑有英国文法学院（现20中学）、庆王府、剑桥大楼和民园大楼。这里曾居住的近代名人有吉林省长张作相，吉林督军孟恩远，满清遗老载振、金梁，内阁总理龚心湛，陆军总司令关麟征，第三集团军总司令孙桐萱，侠女施剑翘，农商总长金邦平，名医杨济时，教育家严范孙等。奥运冠军英籍运动员、教育家李爱瑞，奥地利建筑设计师罗尔夫·盖岑。

张作相旧居位于重庆道4号，建于20世纪20年代，建筑面积约1600平方米。由法国设计师设计并承建。张作相生于1881年，辽宁义县人，奉系军阀将领。曾任东三省巡阅使署总参谋长、奉天警备司令、吉林省保安司令、吉林省政府主席、东北政务委员会委员等职。1928年，皇姑屯事件后，经东三省议会联合会议定，由张作相任东三省保安总司令，他坚辞不就推让于张学良，并表示一心辅佐少帅张学良。"九一八"事变后，任国民政府军事委

员会北平分会委员、中央政治会议委员、华北第二集团军总司令兼第六军团总指挥。1933年日军进攻热河，张作相亲赴前线迎敌，但由于当时国民政府执行不抵抗政策，加之热河省主席汤玉麟临阵脱逃，致使热河沦陷，张作相遂辞去职务，到天津英租界寓居。1949年4月，张作相病逝于天津寓所。张作相旧居为二层砖木结构独立式住宅，设有地下室。外立面采用对比强烈的浅色混水墙面和红砖墙面，镶嵌水泥花式，建

奉系军阀——张作相

筑两侧有青石台阶。舒缓的坡屋顶、简化的罗马古典柱式、细腻的线脚等多种装饰元素，使建筑外观富丽堂皇且富于变化，具有典型的折衷主义建筑特征。

孟恩远旧居位于重庆道23号，建于20世纪20年代，由英国设计师设计。孟恩远生于1856年，卒于1933年。天津人，早年家贫，以卖鱼虾为生。1895年进入天津小站新建陆军，历任直隶巡防营统领、南洋镇总兵等职。1908年任吉林护军使，授陆军中将。1916年任吉林督军，1917年任吉林巡抚。1919年去职，回津寓居。孟恩远旧居为四层砖混结构双塔式楼房，设有地下室，设计理念来源于伦敦泰晤士河上的双塔桥。属于象征主义建筑，外观雄伟、豪华典雅。

金梁旧居位于重庆道52号，建于20世纪20年代。金梁生于1870年，卒于1960年。字息侯，浙江杭州人，满洲白

旗瓜尔佳式。光绪辛丑年举人，甲辰科进士，授编修。曾任京师大学堂提调、内城警察知事、民政部参议、奉天新民府知府、蒙古副都统等。1908年典守沈阳故宫古物，曾做张作霖府上家庭教师。九一八事变后寓居天津，拒绝出任伪职。新中国成立后，任文物组顾问，后为文史馆馆员。著有《雍和宫》《三坛》《大北京》等。金梁旧居为三层砖木架构连体式楼房，呈座椅形，外跨水泥楼梯直上二楼，拱形门厦，铁艺木门。室内宽敞明亮，设备完善。

龚心湛旧居位于重庆道64号，建于20世纪30年代，占地面积约2400平方米，建筑面积约2300平方米。龚心湛生于1871年，安徽合肥人，青年时期作为清政府驻英特命钦差大臣随员在欧洲各国停留8年，对欧洲政治、经济、社会情况了解很多。1898年回国，曾先后任晚清广州知府及北洋政府代理国务总理、内务总长、交通总长等职。1926年4月，退出政界来天津经营实业，曾任大陆银行董事、中孚银行董事、耀华玻璃公司总董事、开滦矿务局董事等职。卢沟桥事变后，对日寇动员其主持华北伪政权断然拒绝。1943年12月，病逝于天津的家中，终年74岁。龚心湛旧居由前后两幢建筑组成，前楼为二层

混合结构楼房，外立面为抹灰墙面，窗间设壁柱装饰；后楼为三层混合结构楼房，外立面为抹灰墙面，主入口由双柱承托雨篷，上部为二楼阳台，阳台门由双柱承托拱券，平屋顶，沿街楼房舒缓大气，入口正对街道。园内建筑精巧静谧，藏于庭院深处，淡淡的透出津门寓公的韬光养晦、蓄势待发的复杂心境。

金邦平旧居位于重庆道114号，建于20世纪30年代，占地面积约1000平方米。金邦平生于1881年，卒于1946年。安徽人，毕业于日本早稻田大学，是早稻田大学首届清朝留学生。早年曾发起创办"中国青年会"，对进步思想在中国的传播起到了积极作用。辛亥革命后任中国银行筹办处总办、农商次长、农商总长等职。1927年去职寓居天津，致力于实业活动，曾任启新洋灰公司经理之职。1938年，任耀华学校

爱国企业家——金邦平

校长。金邦平旧居为二层砖木结构独立式住宅楼，局部为三层，外立面为硫缸砖砌筑墙面，多坡筒瓦屋顶，屋面局部装饰牛舌瓦。建筑外面呈不对称构图，屋顶间、窗口、阳光房，从上到下次第变化，使得建筑立面造型灵动。红瓦屋面，褐色墙面，色彩搭配协调统一。

30年代老洋房里的留声机

教育家——严修

严氏旧居位于重庆道144和146号，建于20世纪30年代，建筑面积670平方米。严修生于1860年，卒于1929年。字范孙，号梦扶。先世自浙江慈溪迁居天津，世代业盐。1882年乡试中举，次年中进士。1894年授贵州学政，1897年归津兴学。先约张伯苓在家任教，后扩充为敬业中学堂，再后迁新址建成南开中学。又合众创办民立第一、第二小学及其他多种教育机构，后创办南开大学，对发展天津教育及公益事业颇多建树。严氏旧居为二层砖混结构英式公寓，线条简洁、结构精巧，整体呈座椅形，部分砂石混灰墙，坡顶出檐。室内装修考究。

顾维钧旧居位于重庆道与河北路交口的河北路267号，建于1927年，占地面积约1300平方米，建筑面积约1200平方米。顾维钧生于1888年，卒于1985年，上海人，中国近代杰出外交家。1904年入美国哥伦比亚大学，专攻国际法及外交，获博士学位。1912年学成归国，任总统秘书、内阁秘书、外务部顾问及宪法起草委员。1919和1921年作为中国代表团成员出席巴黎和会及华盛顿会议。在巴黎和

会期间，顾维钧据理力争，语惊四座。为中国从德国收回山东主权赢得了良好的舆论环境，并拒绝在合约上签字。这次拒签是中国外交史上第一次坚决对列强说"不"，打破了近代以来始争终让的外交局面。1922年至1926年任外交总长、财政总长、两次代理国务总理。九一八事变后，先后担任驻法、英、美等国大使，1945年6月出席旧金山会议，参加起草联合国宪章，作为中国代表在宪章上签字。1956年至1976年，先后任海牙国际法庭法官、国际法院副院长。该建筑为三层砖木结构独立式住宅，立面简洁大方，造型活泼，入口处的巴洛克式拱券造型精美别致，外立面红砖墙面砌筑各种装饰，坡屋顶平板瓦屋面，朴实中富有变化。室内装饰豪华大气，且设置精巧，门顶部用蝙蝠、水果木雕图案标识房间用途，巨大书架巧妙地嵌入墙壁，美观与实用兼得，体现出主人学贯中西的文化背景，不拘一格的生活情趣。该建筑至今保持完好。

民园大楼位于重庆道与长沙路交口，建于1937年，占地面积约2800平方米，建筑面积约7400平方米。民园大楼是天津出现较早的现代集合住宅，因临近原民园体育场命名。该建筑为四层混合结构平屋顶楼房，建筑形式简约大方，比例协调，

民国外交家——顾维钧

顾维钧(左一)当年参加华盛顿会议

富有变化。外立面色彩以白色抹灰墙为主，在部分窗间墙处点缀硫缸砖砌筑墙面。建筑平面按照新生活方式布局，体现典型的现代建筑特征。

山益里居住区由我国近代实业家"洋灰陈"家族陈一甫、陈范友、陈达友父子三人投资建造，里巷取名为三益里，寓意为父子三人共同受益，1982年取"三"之谐音"山"变更为现名。该房为七幢联排公寓形成里弄式住宅，由陈范友设计并督建。陈一甫于二十世纪初主持创办了启新洋灰公司，曾任公司总经理。陈范友为陈一甫长子，毕业于北洋大学土木系，后进入启新洋灰公司。该里弄建于1937年，占地面积约5000平方米，总建筑面积约7500平方米，砖木结构二层楼房，部分建筑四层。外檐立面为硫缸砖清水墙，局部为"甩疙瘩"混水抹灰装饰，大筒瓦坡屋面，坡顶出老虎窗，起到通风采光的效果。室内房间按照现代生活方式布局，至今保存较好。

◄▲ 一步百年（顾维钧旧居）

◄▲ 曙 光（顾维钧旧居）

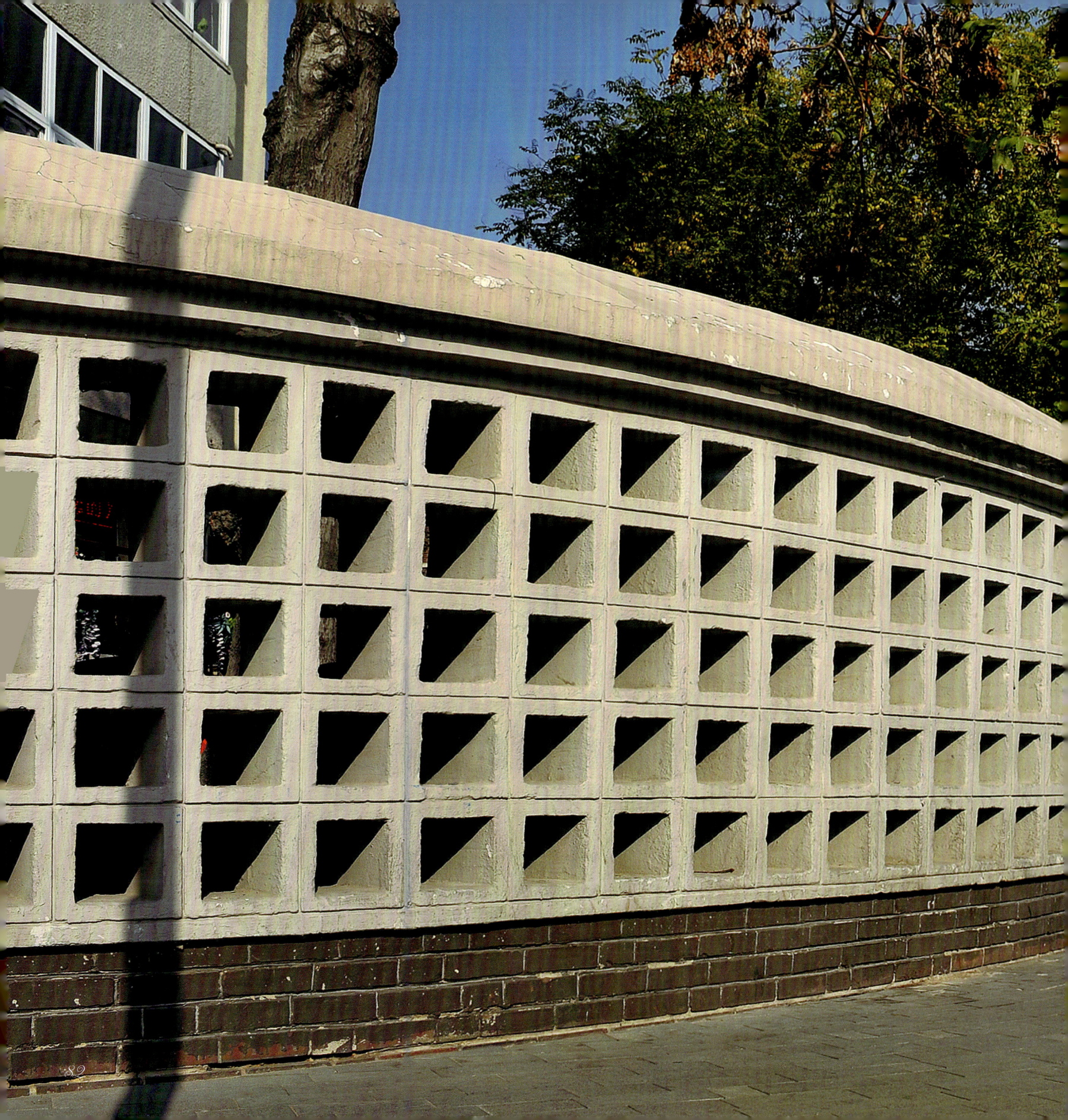

▲▶ 一起飞翔

小楼往事(香港路)

时光为老屋披上岁月的印痕（张作相旧宅）

▲◀ 同一幢楼的不同季节（李氏旧宅）

旧时租界里的外国人

CHANGDE ROAD

常 德 道

常德道原名科伦坡道，东到民园体育场，西到西康路，全长1219米，南北两侧分别与大理道和重庆道平行。常德道是五大道地区其中6条东西向道路中最短的一条

常德道上的历史风貌建筑有茂根大楼（现司法局）、金氏旧居（现冶金总公司），曾居住过的近代名人有爱国人士曾廷毅，抗日将领过之翰、过家芳父子，教育家孙凤藻，给排水专家刘弗棋，民国要人张福运，民国军长苏锦麟，山东省长林宪祖，教育部次长林修竹，奉天省第一届议会议员，营口道尹佟德一，金融家孙啸南，名医范权、赵以成，以及著名实业家毕鸣岐，新中国成立后曾任天津市副市长。

曾廷毅旧居位于常德道1号，建于20世纪30年代。曾廷毅生于1892年，卒于1964年。字仲宣，湖北黄冈人，毕业于保定军官学校第五期炮科，1920年任山西督军公署少校参谋，陕西陆军第四旅营长、团长、旅长。1929年任伪"天津特别市"公安局局长，后任军职。1935

年寓居天津。中华人民共和国成立后，任天津市政协委员、文史馆馆员。曾廷毅旧居为三层欧洲中世纪风格，主入门处有退台式圆台阶，罗马柱式珠子，承托着独特的扇形雨夏为二楼阳台。红砖清水墙，双坡屋顶。建筑规整严谨，又不失活泼精巧。

张福运旧居位于常德道2号，建于1932至1935年。张福运是中国第一个留学哈佛的学者、中国现代法学家、政治家，曾经担任中华民国国民政府海关总署署长、税务总署署长等职务。

1932年11月24日，张福运以"谦静堂"名义从先农公司购得6.457亩空地并委托乐利工程司设计修建，该建筑于1935年建造完毕。天津日占时期，该房产被日本人住用。1946年，该房产的房主更名为张福运的妻子，李鸿章的孙女李国秦的姓名。1947年，张福运和李国秦赴香港前将该建筑的房地契交予多年的朋友林鸿赉（1941年出任中国银行天津分行副经理），办理过户赠予手续，所以产权证上更换成林鸿赉的名字，但林鸿赉在当时的天津英租界新加坡道（今和平区大理道42号）已经购置了自己的房产，因此林鸿赉从未居住过该房屋。后来该房屋又由普丰洋行出租。中华人民共和国成立初期，清华大学校友联

林鸿赉夫妇

谊会曾在张福运旧居的院子中的草坪上举办过一次联谊活动，当时，朱继圣、杨天受等30余位清华大学校友参加了活动。1952年，该房屋交由天津市人民政府的房地产部门予以代管。1997年6月2日，天津市人民政府根据产权证上的名字将张福运的这座建筑以"林鸿赉旧居"的名义被公布为天津市文物保护单位。后又改为"张福运旧居"至今。

张福运旧居为二层混合结构西式楼房，占地面积约4300平方米，建筑面积约1400平方米。建筑的南立面两侧为明廊，中间设有露台。建筑正门的门庭地面铺有彩色大理石，门庭两侧设有穿衣镜和衣帽龛，正门门厅的入口处设有两根水刷石饰面的圆柱，这两根圆柱承托着梳形拱券井字格式筒顶。一楼的过道和各房间均为人字形地板，另外设有筒子板、三槽窗和镶板木门。一楼房间内部各装饰和镶嵌有不同式样的花饰，还设有不同风格的壁炉。一楼客厅的墙身设有四组双柱双梁的附墙西洋古典柱式。建筑内二楼为带阳台和卫生间的

民国税务署长——张福运

民国直隶教育厅长——孙凤藻

卧室，旧居的门庭、走廊与各房间上面的装饰物雕刻精致，旧居外部设有院落，树木成荫，是一所具有欧洲庭院式建筑风格的别墅。

孙凤藻旧居位于常德道6号，建于20世纪20年代。孙凤藻生于1884年，卒于1932年，毕业于天津育才馆及北洋大学，历任北洋高等工业学校教习、天津红十字会副会长。曾赴日、美考察教育、工艺和水产。1911年任天津议事会副会长，后任直隶教育厅厅长。孙凤藻旧居为三层砖木结构独立住宅，清水砖墙、多坡瓦顶。室内设备齐全，院落宽敞。

金克刚旧居位于常德道57号，建于1937年，由耀记营造公司设计建造，顾礼主持设计。1948年金克刚一家住于4号楼。金克刚生于1920年，卒于1998年，毕业于北京大学工学院电机系，解放前在天津参加地下党的革命工作，他把自己家作为地下联络站，护送了多批中共领导人和民主人士，参加了保卫天津发电厂的斗争。金克刚旧居为砖木结构，清水墙、简瓦

这是租界里富人家庭使用过的电影放映机

顶。室内装修高级，设施齐全。

赵以成旧居位于常德道69号，赵以成生于1908年，卒于1974年。毕业于燕京大学预科及协和医学院，1934年获得博士学位，1938年获得洛克菲勒奖金赴加拿大蒙特利尔神经科研究所任医师兼研究员，特为其创办了"白求恩·赵友谊金"，并称他为"中国神经外科创始人"。1941年归国后在协和医院任职，1943年迁居天津。新中国成立后，在天津和北京医院建立脑系科，担任主任、院长等职。赵以成旧居为二层英式别墅，外立面为部分清水砖墙，部分水泥断块。正门入口处拱券式设计新颖别致，室内装修精致典雅，院落宽敞，有甬道、花坛、葡萄架，环境幽雅宁静。

茂根大楼位于常德道117号，建于1936至1937年，占地面积约

中国神经外科创始人
赵以成

20世纪30年代的打字机

1520平方米，建筑面积约2447平方米，由中国工程司阎子亨、陈炎仲设计。"茂根堂主"许大纯投资兴建，故名茂根大楼。许大纯生于1910年，卒于1997年，毕业于德国工业大学，获学士学位。1949年8月回国参加革命。精通德、英、法三国语言，晚年从事文史工作。而当时同时落成的，除了茂根大楼，还有一座一直不为人知的"茂根别墅"。许大纯当初投资兴建的是两栋楼房，一为"茂根大楼"，一为"茂根别墅"。当时许大纯已有子女，那时的想法是两栋楼一栋自住；另一栋前期出租后期给子女居住。因此，根据许大纯的想法，自住的那栋设计成了别墅式，而另一栋则设计成当时比较少见，却在国外十分流行的公寓式住宅，建成了如今一墙之隔的"茂根别墅"和"茂根大楼"。

毕鸣岐旧居位于常德道50号、54号和78号，毕鸣岐生于1903年，卒于1971年。字凤岗，山东利津人。毕鸣岐曾在抗日同盟军任少将参议，后任德华洋行华人经理、天津孔士洋行华人经理。1946年独资开设华牲贸易行，任经理。新中国成立后，任天津畜产进出口公司经理、天津工商联主委、全国工商联副

主委、天津市政协副主席、天津市副市长、全国人大代表。其旧居在天津常德道有三处，一处位于50号，建筑面积270平方米，二层砖木结构，英式风格。入口处前凸，有石柱形成的过廊，承托上面三角坡顶阁楼，十分精致。第二处位于78号，是一所风格别具的西式平房，建筑面积190平方米，外立面为硫缸砖墙面，大简瓦屋顶，充满欧陆风情。第三处位于54号，建于1931年，建筑面积312平方米，外立面为棕色硫缸砖清水墙，浅色水泥饰面。白色门窗，红瓦坡顶形成鲜明的色彩对比，风格新颖活泼。

当年的台灯

茂根大楼及其主人许大纯

时髦的老屋

20世纪30年代的时尚

赵以诚旧居

民国时期，家住大理道的张伯苓与银行业同人

大 理 道

大理道原名新加坡道，东北到新华路，西南到西康路，全长1745米，南北两侧分别与睦南道和常德道平行。大理道地区是天津市历史风貌建筑的聚集地之一，大量的名人故居坐落于此。

大理道曾居住过的近代名人有黑龙江省省长马占山，著名教育家张伯苓，著名文学家、翻译家李霁野，著名学者、藏书家卢弼，著名报人常小川，名医张纪玉，翻译家陈必弟，京畿司令鹿钟麟，陆军总长蔡成勋，湘北督军王占元，江西督军陈光远，内务总长张志谭，财政总长张弧，交通次长徐世章，实业家陈调甫、高少洲、孙多钰、誉玉普，金融家林鸿赉等。

蔡成勋旧居位于大理道3号，建于1935年。蔡成勋生于1871年，卒于1945年。1900年毕业于天津武备学堂，1911年任浙江第四十一混成协协统，1914年任第一师师长，南方征讨军第七军军长。冯国璋代理大总统时，蔡成勋任察哈尔都督。1920年任陆军总长，1922年任江西督军。1924年直系失败，去职后寓居天津。蔡成勋旧居为中西合璧风格公馆式建筑，主楼为三层砖木结构，外立面为青砖墙，屋顶中间为平顶，两边为坡顶，白色窗楣装饰，顶楼配有出檐平台，具有罗曼史式风格建筑特点。室内装饰豪华，中式硬木透雕落地隔扇，月亮门造型，精美绝伦。院落宽敞、围墙高阔，朱褐色的大门体现了豪华、森严的气派。该楼西侧大理道5号为蔡家家庙，中式传统庙宇式木结构建筑，青砖墙体，卷棚瓦顶。朱红大门，花根门窗，砖雕精美，古色古香。

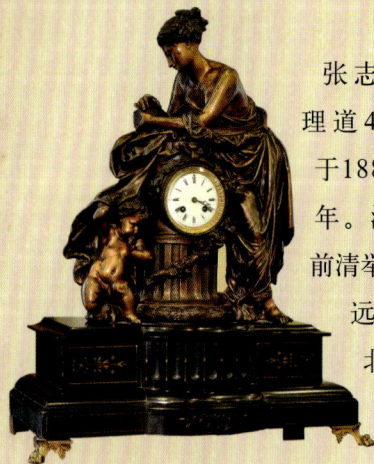

当年的老时钟

张志潭旧居位于大理道4号，张志潭生于1881年，卒于1936年。河北省丰润人，前清举人。1914年任绥远道尹，1917年任北洋政府内务部次长，同年段祺瑞执政时，任国务院秘书长，1919年任陆军次长，1920年任内务总长，1921年任交通总长。皖系失败后寓居天津。张志潭旧居为三层砖木结构独立住宅，英式风格，张志潭酷爱书法，一楼专设写字，每天必练书法，曾题写天津名店登瀛楼饭店匾额。为近代女作家张爱玲堂伯父。

鹿钟麟旧居位于大理道18号，建于1924年。鹿钟麟生于1884年，卒于1966年。字瑞伯，河北定县人，早年在北洋陆军任军官，是西北军著名将领，二级上将。辛亥革命时期参加滦州起义。1924年，随冯玉祥发动北京政变，因大总统曹锟于延庆楼，令逊帝溥仪迁出紫禁城。先后任国民军一师师长、京畿警备司令、北京市政督办。1926年任国民联军总参谋长。去职后寓居天津。新中国成立后，任全国人大代表、政协委员、国防委员会委员。鹿钟麟旧居为二层砖木结构联排式住宅。属于义生里临街房。建筑线条鲜明，朴实无华，设施完善，居住舒适。

眘玉甫旧居位于大理道37号，建于20世纪30年代，建筑面积1140平方米。眘玉甫为近代实业家，永发顺木器行资东。该木器行在近代称为"津门木器销售第一家"。眘玉甫旧居为二层砖木结构，英式别墅风格，外立面为清水砖墙，红色多坡瓦顶。顶层配有造型曲线优美的角楼式天窗，白色门窗，衬以白色水泥镶边。正门入口处有四根白色石形柱，承托二楼带有白色装饰护栏的半圆形阳台，建筑整体典雅别致。

陈光远旧居位于大理道48号，建于1924年，占地约面积1000平方米，建筑面积约1200平方米。陈光远生于1873年，卒于1939年，天津武清人，毕业于北洋武备学堂，直系军阀。历任武卫右军队官、北洋常备军军政司总务处总办、第四镇统制等职，曾参与镇压武昌起义。辛亥革命后，任总统府咨议官、热河巡防营统领兼赤峰镇守使。1914年袁世凯成立军事模范团，陈光远任该团副团长兼新军督练处督练。袁世凯死后，任第二十师师长，1917年后出任京津警备司令、绥远都统、江西都统，与江苏督军李纯、湖北督军王占元合称"长江三督"。1922年，陈光远因被

直系军阀—陈光远

北伐军打败而去职，此后寄居于天津，在英租界购置大量房地产，并投资实业。陈光远旧居为三层砖木结构独立住宅，平面为不规则布局，立面高低错落，似乎反映出住宅主人跌宕起伏的人生。外墙用浅色抹灰墙面与深色硫缸砖墙面搭配，简洁大方，颇具现代建筑风格。在屋顶露台上的八角凉亭采用了黄色琉璃瓦，瓦当上有龙凤相间的图案，使整个建筑呈现出中西合璧的特点。

王占元旧居位于大理道60号，占地面积约7600平方米，建筑面积2400平方米。王占元生于1861年，卒于1934年，山东馆陶人，出身行武，毕业于北洋武备学堂。1895年投入袁世凯编练的新建陆军，1911年被授陆军协都统衔。民国建立后任第二师师长、湖北军务帮办。1916年，任湖北督军兼省长。1920年，任两湖巡阅使。与陈光远和李纯并称"长江三督"。1921年下野寓居天津，后全力投资房地产业，购置了大量的房地产。王占元旧居由四栋建筑组成，为独立式住宅，体

当年使用的老电话

现了王占元的雄厚财力，四栋建筑按现使用单位的命名方式分别为办公楼、乙楼、丙楼、丁楼，办公楼曾为王占元居住，为二层砖木结构楼房，二楼设有露台，外立面为硫缸砖清水墙面、多坡屋顶、挂瓦屋面。乙楼、丙楼、丁楼建于1938年，由著名建筑师沈理源设计，为三栋形式相同的砖木结构楼房，分别由王占元的三个儿子居住。外墙面与窗等高的

直系军阀——王占元

立面用硫缸砖砌筑，其余为水泥抹灰墙面，三层设有阳台，阳台上方为悬挑的雨篷，突出了现代建筑风格。

张伯苓旧居位于大理道87号（现门牌39号），建于20世纪20年代。张伯苓生于1876年，卒于1951年，字寿春，天

30年代的张伯苓一家

津人。毕业于北洋水师学堂，任海军士官生。亲睹甲午战败，决心教育救国。1898年执教于严修家馆，1904年创立敬业中学堂，1906年改称南开中学，1908-1917年赴美考察教育，1919年南开大学正式成立，后相继开办南开女中、南开小学，亲任校长，形成天津近代教育体系框架。张伯苓旧居为二层砖木结构独立住宅，局部三层，英式风格。清水砖墙、坡屋顶带老虎窗。内部房间宽敞明亮，装饰高级，木地板、木门窗、木楼梯等设施至今保持完好。后院很大，有花草绿地，形成院落式布局。

在大理道上，靠近云南路口，有两个毗邻院落："和平宾馆"和"润园宾馆"。但建筑风格很不一样，靠东的楼为英格兰庭院式，靠西的楼为西班牙乡村别墅式。门口的石牌均写着"孙氏旧宅"。但却住着孙氏两代人，东楼住着侄子孙震方，西楼住着叔伯孙多钰。

大理道66号的"润园宾馆"占地面积3431平方米，建筑面积1917平方米。该楼为孙震方出资兴建的豪华住宅，砖木结构，局部三层，坡顶，外檐为白色水泥墙面，花岗岩台阶，配以造

教育家——张伯苓

型各异的门窗，具有西班牙建筑风格。室内全为硬木装饰，院内原设有游泳池、草坪、藤萝架和欧式花坛，楼房四周种植各种花草树木，是一座欧式庭院式高级别墅。中华人民共和国成立后，毛主席、周总理等国家领导人来津视察时均下榻于此。

安徽寿州（现寿县）孙氏是清末民初新兴的家庭实业集团，近祖为孙家鼐。孙家鼐有六子，其中长子孙多鑫、次子孙多森和幼子孙多钰，均在天津经营实业，孙震方为孙多森长子。

孙震方，字养儒，是孙多森长子。16岁去美国，未入大学即回国。由于孙多森是孙氏实业创业人之一，中年即逝，遗产极丰，致使孙震方成为一个典型的纨绔子弟，对孙氏实业不愿参与，只追求灯红酒绿生活。院中西班牙式造型楼房，即按他意愿设计建造的。

孙氏旧宅

◄▲ 暮色和秋天的约会

光阴的故事（大理道）

穿越大理道

124　春光明媚（孙氏旧宅）

童年，141

西式洋房顶上的中式凉亭（陈光远旧宅）

红色的帽子（▲润园▼訾玉甫旧宅）

◄▲ 阴与阳（和平宾馆）

当年洋楼内取暖用的洋炉子

春日将至（徐世昌旧居） 73.3

当年居住在睦南道上的卜家姐妹们

MUNAN ROAD

睦 南 道

睦南道最早称香港道，后改镇南道。东起马场道，西至西康路，全长1968米，它在五大道中规模仅次于马场道。道路两旁绿树掩映着风格各异的小洋楼，漫步其间，使人感到路、房、树的空间尺度恰到好处。自20世纪初起，天津租界林立，外国人纷纷按本国的建筑风格在租界进行大规模建设，在这里留下了形态各异的建筑。一些外国人、清廷遗老遗少、军阀买办和下野政客纷纷来这里购置房地产。

睦南道上居住过的中国名人有邯郸起义将领高树勋，爱国人士张学铭，化学工程学奠基人张克忠，民族实业家、收藏家周叔弢、徐世章，殷墟文字研究专家王襄，著名女作家张爱玲，植物学家蒋思钿，内阁总理颜惠庆，冯军统帅张作霖，山东省长熊炳奇，旧军阀孙殿英，清宫太监大总管小德张，大买办吴调卿，实业家卞俶成、卞颖新、李赞臣、李叔福、李勉之、宋棐卿、林子香等，名医金显宅、林必锦、方先之、万福恩、柯应夔、施锦恩、林崧、虞颂庭等。居住过的外国名人有原开滦煤矿总经理，美籍犹太人纳森。

位于睦南道11号的许氏旧居，建于1926年。占地面积约2300平方米。由奥地利建筑师盖苓设计，奉系军阀张作霖的四夫人许氏，在张作霖死后居住于此。许氏旧居为三层砖木结构楼房，红砖砌筑墙面，坡屋顶，平板瓦屋面，立面构图简洁大方、自然朴素。平面布局合理，一楼推拉门局部雕花。室内装修考究，使用功能齐全。具有英国维多利亚时期民居建筑风格特征。

民国国务总理——颜惠庆

颜惠庆旧居位于睦南道24-26号，建于20世纪20年代。占地面积约1300平方米。颜惠庆生于1877年，卒于1950年，上海人。早年就读于美国弗吉尼亚州中学，毕业于该州的州立大学。回国后廷试授译科进士，任圣约翰大学教授，驻美国及墨西哥公使馆参赞，外务部主事、参事、左丞。辛亥革命后，历任外交次长，驻德国、丹麦、瑞典等国公使。1919年巴黎和会期间，任中国政府代表团顾问。1920年任外交总长，1922年任国务总理兼外交总长及财政整理委员会委员长、农商总长、内务总长、国务总理，1927年寓居天津。开始从事金融企业和社会公益活动。1937年抗战爆发后，他在上海组织国际红十字委员会，并被推选为主席。1939年利用赴美之机，积极宣传抗战，争取国际社会的同情和支持。1941年回国之时途经香港，虽为日军所困，但他还是婉拒了日本人的拉拢。1945年抗战胜利后，颜惠庆被选为上海市议员，1949年2月，他率李宗仁的私人代表飞往北平与中共商议和平事宜。谈判破裂后，他拒绝去台湾。中华人民共和国成立后，任华东军政委员会副主席，并负责主持临时救济委员会和中苏友好协会筹备会的工作。颜惠庆旧居为三层砖混结构的独立式住宅，设有地下室。红瓦坡顶，硫缸砖砌筑墙面。建筑对称布局，主体建筑及围墙的硫缸砖墙面的生动肌理和西方古典拱券、柱廊配合得相得益彰，体现了天津地方建筑材料和西洋建筑风格的完美结合。内部房间宽敞明亮，装饰豪华，木制地板、门窗、楼梯及壁炉等设施至今保持完好，会客大厅内挺拔的绞绳纹样立柱配以花纹繁复的变体爱奥尼克柱头，展示了主人海外生活阅历。

李赞臣旧居位于睦南道28-30号，建于20世纪20年代，占地面积约2300平方米，建筑面积约1800平方米。李赞臣生于1882年，卒于1955年，当时天津商业"八大家"之一"李善人"的后代，家族以经营盐业为主，1921年担任长芦盐区纲公所纲总，兼任纲商所办天津殖业银行经理。李赞臣旧居为三层混合结构独立式住宅，外立面为红砖砌筑墙面，窗间墙为水泥砂浆抹灰饰面。建筑造型对称，古朴庄重，主入口由三联拱券构成，其上部二层立有四根通高的八角柱，承托挑檐构成开敞柱廊。建筑内部按照西方生活方式设计，具有典型的古典复兴主义特征。

张学铭旧居位于睦南道50号，建于1925年，占地面积约1800平方米，建筑面积约1700平方米。张学铭生于1908年，卒于1983年，辽宁海城人，

爱国将领——张学铭

奉系军阀张作霖之子，著名爱国将领张学良的二弟。1928年，张学铭入日本陆军步兵学校学习，1929年回国就职于东北军。1930年任天津市公安局局长，1931任天津市市长兼公安局局长。在任期间，张学铭严格警务、警纪，对各区巡长进行考试，择优录用，提高各区警务人员素质，充实警用装备，短时间内使天津的警察队伍成为全国的楷模。1931年，在张学铭的领导下，天津军警两次挫败了日本便衣队的暴乱活动，保护了天津人民的生命财产安全，打压了日本帝国主义的嚣张气焰，捍卫了国家主权，维护了国家尊严，也因此触怒日本驻中国领事，在其多次施压下，张学铭称病辞职。中华人民共和国成立后，张学铭先后任民革委

当年使用过的老家具

员会天津市副主委、全国政协委员、天津市政协常委。张学铭旧居为砖木结构二层独立式住宅，外立面为红砖砌筑墙面、多坡屋顶、筒瓦屋面。建筑造型稳重大方，内部装修考究。入口处的双层木门，铺满墙面的木质护墙板，楼梯间采用高大的彩色玻璃窗，华美典雅。庭院地面铺设开滦矿务局以大象图案为商标的地砖，寓意富贵吉祥。庭院布局合理，是近代天津小洋楼的经典之作。

纳森旧居位于睦南道70号，建于1928年。占地面积约4300平方米，建筑面积约1200平方米。爱德华·乔纳·纳森，英籍犹太人，生于1889年。20世纪初来华，在天津开平煤矿公司任职。开平矿务局始建于光绪三年（1877年），名义上是官督商办，实则为官办。1900年，八国联军入侵中国，沙俄军队占据了开平煤矿。1906年，爱国实业家周学熙奉命向英国人收回开平煤矿交涉中先收回了唐山细棉土（水泥）厂。而后，周学熙又开始了对英国人"以滦合开"的较量。周学熙给袁世凯出主意，在开平煤矿的周围地区勘探，准备成立滦州矿务局。而纳森却要扩大开平煤矿的规模，也在新矿区进行勘探。双方都在暗中较劲。周学熙说服了袁世凯，出面干预，开平煤矿只得把新矿区的勘探停止了。清光绪三十三年（1907年）夏，"滦州煤矿有限公司"在天津开业，周

学熙任总理。滦州煤矿的成立，使纳森扩大开平煤矿规模的幻想没能实现。

1912年（民国元年），袁世凯就任大总统，批准滦州、开平两个煤矿合并，成立中英合办的开滦矿务局，局本部设在天津。开滦矿务局主要决策机构为董事部，纳森为董事部主席兼总经理。董事部分别设在英国伦敦和天津。天津董事部有董事7人，英方4人，中方3人分别为周学熙、时任中国银行总裁的李士伟和启新洋灰公司总经理李希明，督办为袁世凯长子袁克定。1942年6月，纳森在利顺德饭店向日军提出辞职。1943年，纳森被押解前往山东潍县集中营。纳森旧居为三层砖木结构独立式住宅，两侧为二层，多坡红色筒瓦屋顶，红砖清水墙，人字屋架，大坡度筒瓦顶，高低错落，风格别致，内装修豪华典雅，高级大理石地面，硬木装饰，内设餐厅、舞厅、书房、卧室等。宽敞的院落种有塔松、藤萝等花草树木。后院设有花窖和马厩，是一座具有典型英国乡村别墅风格的私人花园住宅。

卞氏旧居位于睦南道79号，建于20

住在卞氏旧居里的一家

世纪30年代，占地面积约3700平方米，建筑面积约3200平方米。卞氏为当时天津商业八大家之一，原籍江苏常州武进，清康熙年间移居天津。卞氏家族在天津开设有隆顺号洋布店、隆昌号海味店、隆顺榕药店，其中以隆顺榕药店较

卞万年旧宅的设计师——贝聿铭

贝聿铭，美籍华人，世界著名建筑设计大师，1917年生于中国苏州，为中国银行创始人贝祖贻之子。青年时期赴美求学，先后在麻省理工学院和哈佛大学修习建筑学。其建筑作品广及世界各国。著名作品包括法国卢浮宫玻璃金字塔、香港中国银行大厦等。

坐落在云南路57号的卞万年旧居，是贝聿铭大师的早期作品。典型的英格兰式乡村别墅建筑风格，坐北朝南，西面为三层"人"字形组合造型，顶部为"人"字形大坡顶，会客厅和半圆厅由欧式壁炉和大理石壁画装饰。整个建筑层次分明、错落有致、风格独特。2002年3月被天津市文物局、天津市规划和国土资源局定为天津市历史风貌建筑。

为有名。时至今日，"隆顺榕"仍是天津中药系列的重要品牌。在此购地建房并居住的是卞氏族人卞颖新及其家人。卞氏旧居为三层砖木结构独立式住宅，设有半地下室，外立面为硫缸砖砌筑墙面，并辅以疙瘩砖装饰，门窗多为砖砌口套。二层设露台，通露台的门两侧以绞绳状纹样柱式装饰，上部有欧式山花。多坡屋顶，筒瓦屋面，顶部出檐。整座楼房线条明快，庄重古朴，具有折衷主义建筑特征。

宋棐卿创立的享誉海内外的抵羊牌商标

宋棐卿旧居位于睦南道84号，建于1937年，建筑面积1614平方米。宋棐卿生于1898年，卒于1956年。名显忱，早年赴美留学，并赴欧洲各国学习考察。1928年任德昌贸易公司经理，1932年任东亚毛呢纺织公司董事长、总经理。中华人民共和国成立后，任全国政协委员，国务院财政经济委员会委员。宋棐卿旧居为两幢样式相同的英式砖木结构别墅楼房。清水墙，坡瓦顶。正门入口处设有很大的休息平台和雨厦。室内装修豪华，设施完善。

方先之旧居位于睦南道109号，建于1942年，建筑面积640平方米。方先之生于1906年，卒于1968年。浙江诸暨人，毕业于上海沪江大学医预科，后入北京协和医院习骨科。1938年至1939年赴美

著名骨科专家——方先之

国进修，太平洋战争爆发后回国。1942年由北京迁居天津，任天津天和医院骨科医师，兼天和医院院长。新中国成立后，除继续担任天和医院院长外，兼任人民医院骨科主任，天津市九三学社副主委、天津市政协常委。方先之旧居为二层砖木结构，楼墙与院墙为混水沙石罩面，点缀不规则的水平向硫缸砖，简顶屋顶，室内设备齐全，典雅清丽。

周叔弢旧居位于睦南道129号，建于20世纪30年代，占地面积约700平方米，建筑面积约500平方米。周叔弢生于1891年，安徽至德人，清末两广总督周馥之孙。1919年，周叔弢随其四叔周学熙经营实业，历任青岛华新纱厂常务董事、唐山华新纱厂和天津华新纱厂经理、启

中国古籍收藏家、文物鉴藏家、著名政治家、实业家——周叔弢

新洋灰公司总经理等职，是近代中国北方民族实业界的代表人物。解放战争期间，我党地下工作人员与周书弢先生有过秘密接触。中华人民共和国成立前夕，周叔弢在民族资产阶级上层人士中宣传党的工商业政策，影响较大。1949年他当选为全国政协委员，1950年

出任天津市副市长，1983年任全国政协副主席。同时周叔弢作为著名古籍文物收藏家，集毕生精力搜购善本图书和金石文物，并进行了大量的收藏、考证、校勘、题跋、影印工作，为保存发扬祖国文化遗产做出了突出贡献，在学术界声誉卓著。新中国成立后先后四次将其珍藏的古籍图书约四万册，文物一千余件，全部捐献给了国家。其中包括他珍藏多年的宋、元、明的名钞，精校的珍本，清代活字本和敦厚卷子，1984年2月14日周叔弢先生逝世，终年93岁，逝世前他又将献书奖金所购的一万五千元国库券及定期存款一万元捐献给了国家。周叔弢旧居为二层砖木结构独立式住宅，外立面为硫缸砖墙面、坡屋顶、平板瓦屋面。建筑风格平易简朴，楼房和院落间布局合理。1954年从桂林路16号迁居至此后，在此居住时间长达三十年。

徐世章旧居位于睦南道126号，建于1922年，徐世章生于1889年，卒于1954年。字瑞甫，号濠园，天津人，为民国总统徐世昌十弟。毕业于北京同文馆，后留学于比利时里达大学经济管理系，获学士学位。1920年任交通部次长。1922年随徐世昌下台离任后寓居天津。

民国总统——徐世昌

收藏家——徐世章

徐世章是著名收藏家，去世前留下遗嘱，将所藏宝贵文物和书籍全部捐献给国家。徐世章旧居为二层砖木结构，英式风格。内部装饰为部分欧式部分日式，一楼书房有古希腊风格汉白玉壁挂式烛台装饰。门上装饰精美中式玉雕，人物栩栩如生。徐世章在五大道的旧居另有两处，分别位于大理道26至28号和马场道58号。

高树勋旧居位于睦南道141号，占地面积1275平方米，建筑面积641平方米。高树勋生于1898年，卒于1972年，字建候。早年任冯玉祥部队副司令。1945年10月30日，率部发起了震惊中外的邯郸起义，促进了全国的早日解放。新中国成立后，任全国政协委员、国防委员会委员、河北省副省长。高树勋旧居为三层砖混结构独立式住宅，东侧立面设有凸形半圆形玻璃窗。院落宽敞、花草繁茂。具有英国民居风格。

吴颂平旧居位于昆明路117号，建于1934年，吴颂平1882年出生于天津，卒于1966年。系英商汇丰银行天津分行买办吴调卿之长子。吴颂平早年北洋巡警学堂毕业，后赴美留学，成年后主要从事经商和社会活动。吴颂平旧居是一座具有英国乡村别墅风格的小洋楼。由奥地利建筑师盖苓设计，吴颂平本人监工

建造。为砖木结构二层楼房(局部三层)，外檐为混水墙面，局部硫缸砖清水墙。立面构图简洁朴素，高耸的双坡顶错落有致，形体特点鲜明，为当年英租界内一座著名的高级花园别墅。

李勉之旧居位于睦南道与桂林路交口，建于20世纪20年代，占地面积约3700平方米。由奥地利建筑师盖苓设计。李勉之生于1898年，卒于1976年，字宝时，天津人，毕业于天津德华中学，后入德国亚美机械厂进修。1933年与人合资经营中天电机厂，后任该厂董事长，组织技术人员研制出中国第一台自动电话机。中华人民共和国成立后，任中天电机厂经理、天津市电机工业公司经理、天津市工商联常委等职。李勉之的妹妹李慎之曾担任和平区政协副主席。兄妹二人都热心社会公益事业，1950年抗美援朝时期，李氏兄妹分别以个人和私人企业的名义捐款达数十万元，购买飞机支援战事。1957年，李氏兄妹率先倡议，并联合天津部分工商届人士集资兴办了新华中学，第二年改为"新华业大"，为国家建设培养了众多专业人才。李勉之旧居由四幢完全相同的二层砖木结构独立式住宅组成。按照

李慎之将自己名下的房产捐献给了国家。

西式单体楼房设计，中式围合平面布局，体现了中西文化的融合。

争春

凋零的春花

▲▶ 一天之计在于晨（睦南花园）

繁花似锦的盛夏（睦南花园） 149

窗外的景色

◀▲ 华彩凝辉（张学铭旧居）

墙里墙外（香港大楼）

桂林路
35

162　晚 装 (许氏旧宅)

小楼昨夜听风雨（许氏旧宅）

雨后的黄昏（下万年旧宅）

166　步步高升（卞万年旧宅）

◀ ▲ 睦南府夜色

光阴的故事（睦南道）

时光女神（柯英夔旧居）

雨纷纷，旧故里草木深

随风飘落（云南路）

藏在屋子里的阳光（香港大楼） *181*

▲▶ 一封投给冬天的信

▲▶ 初冬的新装

184

185

1928年坐落在五大道的英国文法学校

MACHANG ROAD

马 场 道

马场道原名马厂道，1901年随建赛马场而建。东北起南京路，西南自吴家窑大街，折向南止于天津市工业展览馆。长3410米。马场道是天津各国租界道路中路名唯一沿用至今的道路，只是20世纪40年代将原来的马厂道的"长"字规范为"场"字。在"五大道"中马场道的历史最长，列为"五大道"之首。

马场道上的历史风貌建筑有：香港大楼、美国军营（现天津医科大学广东路校区）、工商学院主楼（现天津外国语大学主楼）、北疆博物馆(现天津外国语大学院内)、新武官胡同（现安乐村）、乡谊俱乐部（现干部俱乐部）。居住过的中国名人有民族实业家李烛尘，政治活动家、学者杨度，教育家崔伯，作家高云览，内阁总理唐昭仪、朱启钤、潘复，安徽督军倪嗣冲，陆军总长吴新田，海军总长刘冠雄，青岛市市长胡若愚，商业界人士雍剑秋、王仲刘，金嗓鼓王骆玉笙，京剧名家杨荣环，戏剧名家金乃千，名医欧阳乾、毛羽鸿、刘松庵、陈微尘、杨珂、张天泽等。居住过的外国名人有美国第31届总统胡佛，美国国务卿马歇尔，美国将军史迪威、包瑞德、麦克鲁、鲍德温、李奇微，法国科学家桑志华、德日进，德国人德璀琳、汉纳根，英国人达文士等。

潘复旧居位于马场道2号，建于1919年，建筑面积3827.99平方米，由法国工程师设计而成。潘复生于1883年，卒

1926年英租界马厂道（今马场道）铺设沥青路面情形

于1936年，字馨航，山东济宁人，清末举人。1919-1921年任财政次长、财政总长。1927年任国务总理兼财政次长。1928年寓居天津。潘复旧居为三层砖木结构，分为东西两楼，室内装修豪华，配套设施完善。

香港大楼位于马场道10号，建于1937年，占地面积约2000平方米，建筑面积约3000平方米，由奥地利设计师盖岑设计，该建筑为五层混合结构集合式住宅楼，设有地下室。建筑平面呈"L"型，采用以"起居室"为中心的现代生活方式布局，房间功能齐全。每个分户单元均有独立的旋转楼梯，自厨房通向后院，解决了使用者的交通问题，保护了隐私。转角窗的设计显示了先进的设计理念和技术。楼内的木地板、木楼梯、壁炉、水磨石地面等设施至今保持较

民国国务总理——潘复

好。外立面大面积玻璃窗与砖墙形成虚实对比；圆窗、方窗、联窗形成形体对比；凸出墙面的红砖窗套与浅色混水拉毛墙面形成色彩对比，使该建筑韵律之中富有变化，形成独特的肌理，具有明显的现代建筑风格特征，当时多为社会名流及中产阶级居住。

雍剑秋旧居位于马场道60和62号，建于1920年，建筑面积1728平方米。雍剑秋生于1875年，卒于1948年。名涛，江苏高邮人。1900年任"救济北方难民慈善团"翻译，1911年任天津造币厂副厂长。后任德商礼和及捷成洋行军火买办。1918年移居天津。先后任江苏会馆、天津基督教青年会董事长，南开中学董事。雍剑秋旧居为三层砖木结构独立住宅，比例协调、线脚细腻，外立面为水泥墙面，大简瓦顶。一层为长方形洞门，二层两侧设为阳台。一、二层立面对称，三层局部收缩。该建筑层次丰富，风格浪漫，具有折衷主义建筑特征。

天津工商学院位于马场道117号，初名为工商大学。由法国天主教会创办，校训为"实事求是"。初设工、商两科，1937年增设建筑系，为天津建筑教

买办——雍剑秋

育之始，著名建筑师沈理源、阎子亨、陈炎仲及法国建筑师穆乐等均曾在此任教。后陆续增设院、系，至20世纪40年代中，其规模居于天津各高等院校之首。1948年改为津沽大学。新中国成立后，工学院并入天津大学、商学院并入南开大学，师范学院扩建为天津师范学院。1970年原址改为天津外国语学院。现院内存有历史风貌建筑7幢。其主楼为特殊保护等级历史风貌建筑，1925年主楼建成，由法商永和工程司设计。该建筑为混合结构三层楼房，清水砖墙，红瓦坡顶，建筑平面对称。屋顶为法国孟莎结构穹顶；西侧建有内部小教堂，采用半穹顶，独具特色。

刘冠雄旧居位于马场道123号，建于1922年，占地面积6126平方米，建筑面积3325平方米。刘冠雄生于1861年，卒于1927年。福建福州人，毕业于福州船政学堂，1885年留学英国。辛亥革命后，出任九届内阁的海军总长，成为中华民国的第一位海军上将，1923年辞职后寓居天津。该建筑建于1922年，是一座象

爱国将领——刘冠雄

征主义风格的欧式建筑，平面形态寓意双筒望远镜，展示了主人的军人志向；主体为砖木结构带地下室的三层楼房，屋顶大尺度的挑檐、曲线的大台阶、精美的阳台栏板配以红白相间的装饰墙面，彰显建筑的稳重、平和、端庄。

达文士旧居位于马场道121号，建于1905年，是五大道上的第一所小洋楼，相传由一位德国军官建造，至今已无法考证。该建筑东面比邻法国罗曼风格的天津外国语大学，西面接连欧洲象征主义

达文士楼上面的族徽

风格的海军总长刘冠雄旧居，在这两座雄伟气派建筑衬托下淡黄色西班牙风格小楼显得更加优雅精致。20世纪40年代

英侨达文士夫妇在此居住，从事进出口商贸业务，专营毛皮生意。达文士旧居为二层砖木结构，外立面为浅黄色水泥砂浆墙面，屋顶为瓦楞铁屋顶，一、二楼之间有水泥雨檐腰线。长方形窗为主，部分圆窗作为点缀，使建筑严谨中不失活泼。室内装修为椭圆拱券甬道结构。壁炉上方、楼梯栏杆柱头及外墙面明显处均有日耳曼民族独有的族徽标志：形状是中世纪欧洲的古老盾牌，中间部位由"T"和"F"两个变形外文字母组合，使得该建筑蒙上了一层独特的神秘色彩。

朱启钤旧居位于马场道164号。朱启钤生于1872年，卒于1964年。曾任五任交通总长，三任内务总长，一任代理总理。1916年退居天津，1922年为其妻于宝珊营造蠓园。新中国成立后，任中央

民国代总理——朱启钤

文史馆馆员、全国政协委员。朱启钤旧居为二层砖木结构独立住宅，设有地下室，拱形外廊，罗马风格拱形天窗，四坡瓦顶。室内装修高级，设施完善。典雅浪漫，具有浓郁的欧陆风情。

乡谊俱乐部位于马场道188号，建于1925年，占地面积187万平方米，建筑面积9525.83平方米。由英商景明工程司赫明斯和帕尔克因设计，业主为天津英商赛马会有限公司。赛马会分为东部的赛马会场和西部的乡谊俱乐部两部分。乡谊俱乐部为二层砖木结构，英格兰田园风格。主楼正门入口处有四根红砖立柱门廊，一楼为混凝土梁柱结构，彩色玻璃穹顶，二楼设有弹簧地板，锤式屋架，两侧建有连列式柱券，列柱上有花壁灯和牛角花装饰。该建筑设计精巧、典雅舒适。

原北疆博物馆位于马场道117号天津工商学院院内。北疆博物馆初名为"黄河白河博物馆"，是我国早期的博物院之一，分南北两个部分。北楼博物馆建于1922年，由比商义品公司设计、建造。南楼试验管建于1925年至1929年，由法商永和营造公司承建，两楼之

古生物学家——桑志华

原天津英国乡谊俱乐部旧照

桑志华在北疆博物院

间用封闭天桥相连。该建筑为主体三层部分两层，外立面为清水砖墙，部分为整块石料砌筑，简洁大方、朴素坚固。创办人为曾获法国科学院博士学位的传教士桑志华。

桑志华生于1876年，卒于1952年。法国著名地质学家、古生物学家、考古学家。1914年以天主教传教士的身份来到中国，在我国北方进行了长达25年的古生物考察和考古挖掘工作。1923年，桑志华与德日进发现挖掘了宁夏水洞沟遗址，这块遗址被称为"中国史前考古的发祥地"。1952年，天津市政府接收北疆博物馆时，除了20万件自然标本和桑志华写的《十年行程录》《二十年行程录》等17000多册图书外，还有多种文

物和民俗学收藏品。

德日进生于1881年，卒于1955年。法国奥维涅省人，法国哲学家、神学家、古生物学家、地质学家。1923年德日进来到天津，协助桑志华在北疆博物馆工作。1929年参加北京周口店发掘工作，成为"北京猿人"的发现者之一。抗战期间，他将北疆博物馆的重要标本迁至北京，成立了地质生物博物馆，与我国的古生物学家、地质学家建立了深厚的友谊。北疆博物馆偏西的建筑为桑志华和德日进的旧居，建于1922年，二层砖木结构，外立面为米色拉毛墙面，多坡屋顶，具有西班牙风格建筑特征。

新武官胡同位于马场道与桂林路交口，建于1928年。占地面积约5100平方米，建筑面积约9300平方米，由意大利鲍乃弟建筑师事务所设计，英国天主教会首善堂投资建造。当时租给美国驻华武官居住。著名实业家李烛尘曾在此居住。李烛尘生于1882年，湖南永顺县毛坝乡人，秀才出身，早年赴日本留学，辛亥革命后回国，曾与范旭东一起创办久大精盐厂，与侯德榜轮流担任厂长。平津战役期间，李烛尘

著名实业家——李烛尘

曾游说国民党党、政、军、警等上层人士，劝其投降，对瓦解国民党军的士气和斗志起到了重要的作用。该建筑群由三幢砖木结构联排式住宅组成，平面布局呈"品"字形。临马场道的一幢为三层，另两幢为二层。设有地下室，均由分户单元。每户前后有小院。平面功能布局合理。外立面为红砖砖墙、简瓦坡顶，正立面为抹灰墙面。每户主入口及二层窗为拱券式，上以西班牙半圆拱绞绳花花饰装饰，墙上有兽头点缀。阳台出挑，下以雕花状牛腿支撑。窗间多用绞绳柱支撑，装饰元素丰富。室内房间设置齐全，采暖及厨卫设施完备，木楼梯、木地板、木门窗至今保持完好。整幢建筑线条工整流畅，浪漫华丽，富于韵律感，具有折衷主义建筑特征。

原英国公学（现二十中学）位于和平区湖北路59号，始建于1905年，为英侨子弟学校，由在津英侨捐办，1928年迁入现址，学校当时对一切外国侨民开放。该建筑建成于1928年，由英商永固工程司库克和安德森设计，主楼全

天津公学毕业的外国记者伊斯雷尔·爱泼斯坦

部建筑面积4967平方米，教学大楼总建筑面积3800平方米。

直系军阀——张绍曾

张绍曾旧居位于马场道和河北路交口的河北路334号。张绍曾生于1879年，卒于1928年。河北大城人，字敬舆。早年就学于天津武备学堂，保送日本陆军士官学校炮兵科，毕业时名列第一。1913年被袁世凯任命为绥远将军，1916年任北洋政府陆军训练总督，1922年任陆军总长，1923年任国务总理兼陆军总长，直系倒黎去职后隐居天津，1928年3月21日在津赴友人宴会时被人暗杀。张绍曾旧居为二层砖木结构，正门入口处有水泥板小雨厦，下以水波纹花饰罗马柱支撑。室内宽敞明亮，过厅有拱券分割。整体建筑规整华丽、肃穆庄重，具有巴洛克风格建筑特征。

马连良旧居位于睦南道与河北路交口的河北路285号，建于1937年，占地面积约1900平方米，建筑面积约2900平方米，为英商先农公司在五大道投资建设的联排式住宅之一，由意大利建筑设计师保罗·鲍乃弟设计。马连良生于1901年，卒于1966年。字温如，回族，

俞振飞、马连良、张君秋

北京人。8岁入喜连成科班，受业于茹莱卿、叶青善、肖长华等京剧名家，先学武生，后习老生。10岁时便显露才华。1917年，16岁出科时成为京剧舞台上的一颗明星。23岁便自行组班，聘请钱金福、王长春等协助，从此唱红。马连良师从谭鑫培、孙菊仙等名家演技，吸收余派艺术之长，逐渐形成自己独特的演出风格，被称为"马派老生"享誉京津，被称为"前四大须生"之一，"后四大须生"之首。

马连良旧居为三层砖木结构联排式独立住宅，设有半地下室作为车库。建筑平面布局合理，建筑依街角设计，与地形结合较好。外立面为疙瘩点点凹凸参差的硫缸砖清水墙，增强了建筑的艺术效果，形成了独特的立面特征，与洛可可风格的阳台珍珠串式栏杆、窗边水纹花饰相映成

著名京剧表演艺术家——马连良剧照

趣，浑然一体。坡屋顶，瓦屋面。正门入口处悬挑阳台、檐部、窗间墙和窗套均采用半圆拱券。楼内装修考究，大部分木地板、木楼梯、木门窗等至今保持完好。整体建筑简洁大方，细部浪漫和谐。

天津犹太会堂坐落在南京路和郑州道交口，始建于1940年，哥特式风格，具有欧洲教堂建筑的特点。在20世纪二三十年代，天津一度成为继上海和哈尔滨之后，当时犹太人在中国的第三大聚居城市。当年天津犹太宗教公会下辖有犹太医院、犹太养老院、犹太饭堂和犹太公墓等福利救济机构。在天津的犹太人还出版报纸，创办犹太学校，成立天津希伯来协会，开展宗教文化活动。

1940年建成的犹太会堂

被风吹散的云朵（◀刘冠雄旧居 ▲徐氏旧居）

傍晚（朱启钤旧居）

细雨绵绵（达文士楼）

泉（原天津工商学院）

踏雪寻踪（◄马场道·燕园 ▲河北路）

天津五大道——万国建筑博览会

造型各异的五大道小洋楼

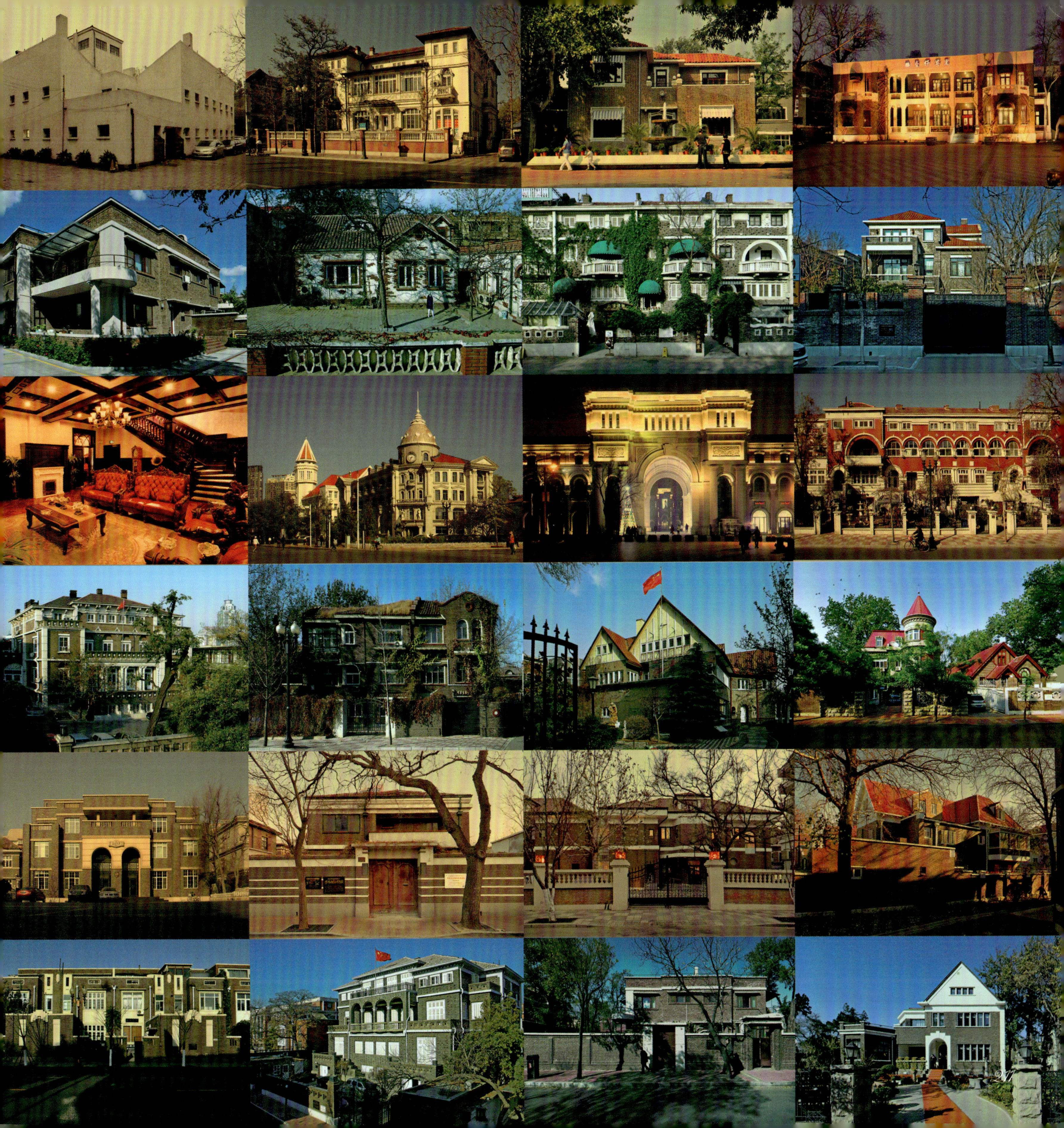

在五大道感受时间的意义

风推开窗户，落叶飘了进来，我望着这凋零的叶子，眼前浮现出秋天的景色。一年即将过去，时间过得真快！为什么眼前看到的落叶却让我联想到时间！过去，小时候，年轻时，从没想过。那时间又是什么呢？

清晨，我来到五大道大兴邨拍照，天还蒙蒙亮，少了平时嘈杂的街道显得十分安静，亮了一夜的路灯此时看上去光线有些疲惫，院子内的自行车懒散地倚在那斑驳的老墙上。触景生情，不由得勾起了我童年的回忆。

我是在胡同里长大的，在童年的记忆里，我整天在胡同里和小伙伴玩耍打闹。时常因玩耍忘记了按时回家吃饭，常被父亲训斥没有时间观念。模糊的记忆中总是期待着过年，因为只有过年才能穿新衣服，吃好吃的。但有一件事至今清晰地印在我的记忆中：那是20世纪60年代的事，我加入少先队时（"文革"时期叫红小兵）学校让我们每个同学统一服装穿白球鞋。由于家里穷不会因为一次活动给我买一双新鞋，父亲就将一双平时穿的绿军鞋刷上白粉当白球鞋穿，当时我很不情愿，无奈只能穿着去学校。入队仪式开始，当台上两边的同学和台下同学将目光投在我脚上穿的那双"白球鞋"不约而同地笑了起来时，我顿时脸涨得通红，就像受到莫大的羞辱，重重得刺伤了我的自尊心。小时候总嫌时间过得太慢，恨不得快快长大参加工作，尽快富裕起来。如今随着社会的发展我们都过上了好日子，不愿再提及童年那些不愉快的旧事。不过后来我发现一段经历可能决定人的一辈子，想起过去的每一天时光都赋予我不同的生活色彩，这是形成我成长的最原始的动力。正是那些童年时光的生活经历造就了我后来生活如何面对在困难、贫穷以及挫折中获得生存的勇气与精神力量，由此说来我倒要感谢那段穷困的胡同生活经历，因为它使我终生受益。

我20岁之前从未到过五大道，只是听大人说过：19世纪末至20世纪初这里曾是英租界，是外国人生活的地方，"华人与狗不准入内"。在中国的土地上不准中国人出入，只因大清帝国打不过洋人，国人只能忍气吞声。后来辛亥革命推翻帝制成立了民国，1949年成立了中华人民共和国，赶走了洋人。每一次历史变革都会影响着人们的生活，曾经生活在五大道的民国大总统袁世凯的公子袁克文由于家业破落后来靠写字弥补生活；民国代总统徐世昌下台后在津做寓公，靠绘画伴随余生，内心的淡定与从容体现文人总统的风骨。盐业银行董事长之子张伯驹，与张学良、溥侗、袁克文并称为"民国四大公子"是集收藏家、书画家和诗词学家于一身的文化奇人。20世纪50年代他将自己穷尽财富收藏的国宝《平复帖》《游春图》等无价之宝捐献给国家。20世纪60年代中期张伯驹落难，借住在亲友的10平方米小窝艰难度日，可面对这样的磨难，他不怨天，不尤人，坦然自若，洒脱自在，依然是一笑置之。著名红学家周汝昌曾评价"张伯驹为人超拔，是因为时间坐标系特异。一般人的时间坐标是三年五年，顶多十年八年。而张伯驹的时间坐标系是千年，所以他能坐观云起，笑看花落，视勋名如糟粕，看势力如尘埃。"不论世事怎样流变，依然散淡超逸，这正是张伯驹的风骨所在。像这种例子很多。他们能在乱世中求生存，逆境中还会把握美好的时光。

20世纪80年代初，友人去周叔弢家，（周馥的孙子，曾任天津副市长）看见周夫人在缝补穿破的袜子。看来财富并不是生活，其实这才是生活。"文革"结束后，一些老房子相继退还给了房屋主人，有的由国家收购、置换，成为今天

作者简介

高大鹏，1957年生于天津，曾从事绘画创作、画报记者、书籍编辑、设计与摄影创作，是一位综合实力很强的资深人士，长期居住天津，对于天津有广泛且深入的了解。1985年任天津新闻图片社记者并创办《天津画报》。1986年创作《空间》系列作品，入选中国现代摄影沙龙88展。1995年创办高大鹏工作室从事视觉文化研究与创作。2006年至2016年《影像天津》摄影展连续五届应邀参加天津夏季达沃斯论坛，2009年《空间》系列作品应邀参展《醒》回顾八十年代中国摄影展，2010年环境装置雕塑作品《后信息时代的文明》应邀参展上海世博会。曾出版过《天津印象》《天津老银行》《杨柳青木板年画》《天津任鸟飞》《天津滨海新区》《美丽西青》《胡同生活》等多部有关天津的各类图书。本书的摄影都是由他精心拍摄完成，同时担任本书的主编工作。

的历史风貌建筑。五条街道，一群建筑，见证了帝国的衰败和一个新国家的诞生。随之一群人的悲欢离合。时过境迁，物是人非。每当提及我们不禁心情沉重，虽然这些曾使我们惴惴不安。但时间终将这些历尽沧桑的故事及其历史事件所浸透的一种不可取代的精神力量，一同印在每一条街道，镌刻在那斑驳的老屋，埋藏在我们的灵魂深处。时间会不断改变事物的样子，而赋予事物新的灵魂和意义。时间终将改变一切。人生活中的一切在时间里完成，同时在时间记载里寻找答案。这就是历史，这一切没有人安排，是那么自然而然的过渡和延续，它就像晨光、暮色、花开、花落，人们无法改变。这几乎是在无法被意识到的时间流逝里不知不觉地发生。至此，我好像已经找到了"时间"的答案。

有位哲学家说：一个人的双脚不能同时踏进同一条河。时间像流水，像空气，像风，你感觉得到却抓不住。人的生命是在时间中渡过的，生命就是过程，就是时间的旅程。把过程与时间性纳入我们对社会现实的理解中，对时间的理解是通往对我们的文明，我们的生活方式进行反思的最佳途径。过去只存在于现在的记忆中，那么将来也只存在于现在的想象之中和预期之中，然而我不能活在过去与未来，我只有把握现在。眼下我在将眼前五大道秋天的落叶与逝去的五大道秋天的落叶作比较，我是不是就获得了比迎接下一个秋天更多的快乐呢？提前收获了时间？我用影像记录着我此时的心情，每张影像凝聚着我思想的过程，我沉浸在宁静、平和与思考之中，此时，我又把时间抛在脑后，我享受着置身时间之外所得到的自在与喜悦。这时直觉告诉我，之所以被触动是因为我寻找到了我与五大道基因里存在的某种相似之处。五大道的建筑者在当时或许只盖了一栋房子。但今天对于我就像是打开我心灵的钥匙，只

有我走近时才会被它打开。

时间也是一个城市的年龄，一座城市像一个人一样因留住时间才变得成熟而完美。建筑是时间的衣裳，上面印满岁月的痕迹。我喜欢时间赋予一件事物那诗人般的意境。打动我的不是那件事物本身，而是由那事物所凝聚的人类生命的力量。其实，五大道建筑看上去并不像欧洲其他城市建筑的外表那么雄伟、精致。然而五大道所承载的历史内涵与精神动力，即使是好心的外国人也不会理解我们同历史之间的这种联系。因为人生最美好的东西都是从苦难中得来的。历经沧桑的五大道是带着成熟的回忆，平静，忧伤，苍老而凄美，毫无保留地将所有感情与尊严都倾注其中。唯有把祖国，把这个城市视为自己生身之地的人才能体味和发现，五大道是可以体味人生，思考生活与梦想的好去处，这已经被越来越多的人意识并发现了。因为在其他城市没有这种地方，也没有时间供你沉思冥想。

最后，我希望阅读本书的每一位读者，都会用你们自己了解的城市及行为的知识与影像检视，带有质疑性的来补充修正我的影像的观点，关键是我们太需要尽可能多的新的观点及影像来改变补充我们有关现在乃至未来对城市的认识。

桃花三月放，
菊花九月开。
一般根在土，
各自等将来。

2016年12月

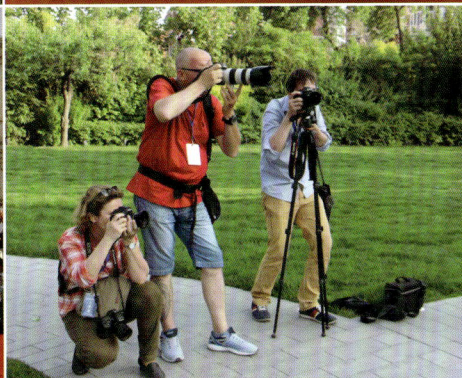

图书在版编目（CIP）数据

天津五大道 / 高大鹏主编. —— 天津：天津人民出
版社，2017.4
ISBN 978-7-201-11553-5

Ⅰ．①天… Ⅱ．①高… Ⅲ．①城市街道－介绍－天津
Ⅳ．①K292.1

中国版本图书馆CIP数据核字(2017)第050468号

天津五大道
TIANJIN WUDADAO

出　　版：天津人民出版社
出 版 人：黄　沛
地　　址：天津市和平区西康路35号康岳大厦
邮政编码：300051
邮购电话：(022)23332469
网　　址：http://www.tjrmcbs.com
电子信箱：tjrmcbs@126.com

责任编辑：王昊静
装帧设计：高大鹏工作室

印　　刷：深圳华新彩印制版有限公司
经　　销：新华书店
开　　本：787×1092毫米　1/12
印　　张：19
字　　数：350千
版次印次：2017年4月第1版　2017年4月第1次印刷
定　　价：588.00元

天津五大道
WUDADAO TIANJIN

编委会

罗澍伟　高大鹏　赵　堃

王业明　徐洪涛　王泽民

沙建武　郭云英

策　划

中共天津市和平区委宣传部

天津市和平区五大道地区管委会

摄　影

高大鹏

撰　稿

郭　澜

扉页铜版画创作

高大鹏工作室

五大道国际文化艺术节图片由天津市
和平区五大道地区管委会供稿